主编——李光明
江世亮

创新铸就

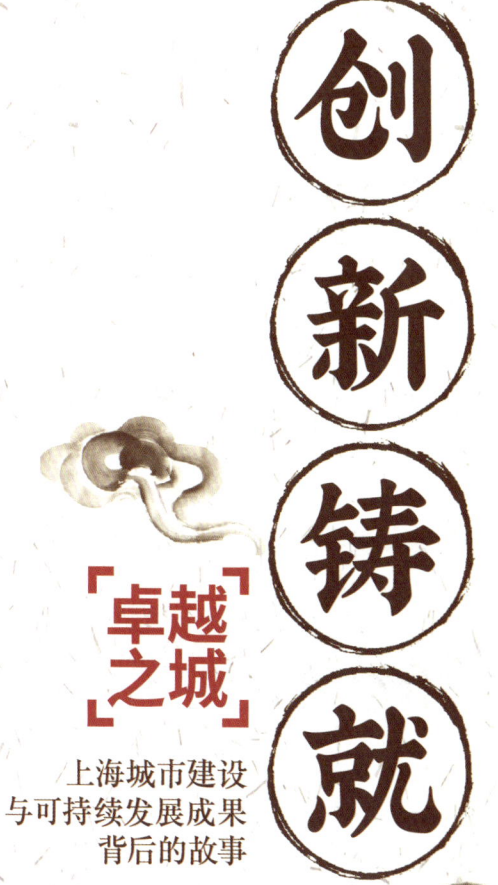

[卓越之城]

上海城市建设
与可持续发展成果
背后的故事

上海科学技术出版社
SHANGHAI SCIENTIFIC
& TECHNICAL PUBLISHER

创新铸就卓越之城
上海城市建设与可持续发展成果背后的故事

编委会

总策划

寿子琪

策　划

马兴发

主　编

李光明　江世亮

编　审

费明钰

编委会

（以姓氏笔画为序）

王　阳　曲　洁　朱昊辰　江世亮　孙中峰　祁凌云
李光明　李　岩　吴　冈　张芝慧　张　臻　周小玲
　俞灵琦　费明钰　顾玉亮　黄菊文　虞　俭

序

在人类文明的长河中,科技创新宛若灯塔,照亮了我们的前行之路。我们很难想象,如果没有电灯,黑暗中可视、可触的时空显得那么遥远;如果不曾潜入海底,探索生命的摇篮将仅仅是科幻中的一个插曲;如果无法到达外太空,我们很难认识自己的家园——地球……

历史的画卷,总是在砥砺前行中铺展;精彩的华章,总是在持续奋斗里谱奏。当前,我国科技发展站上了全新的历史起点。作为我国改革开放排头兵、创新发展先行者,上海更是牢记使命,以敢为人先的精神,在加快建设具有全球影响力的科技创新中心进程中迈出了扎实的步伐。尤其是近年来,上海科技创新人面向世界科技前沿、面向国家重大需求、面向经济主战场,以"十年磨一剑""耐得住寂寞"的情怀,勇攀高峰、勇夺关隘、勇当第一,在科技创新重大工程领域中交出了一份亮丽的成绩单。其中,青草沙水源地、长江隧桥、崇明生态岛、生态屋、智能交通等一个个重大工程案例,已成为上海市民生活的一部分,逐步编织起了人民对美好生活的希望图谱。

创新铸就卓越之城
上海城市建设
与可持续发展成果
背后的故事

从无到有，有中生新，新中求进，正是这些案例，折射出了科技创新的"生动线条"。用心去体会其背后的故事，我们感受到，**要洞察创新于青萍之末**，政府决策要知时机、知变化，在选择战略方向上要有作为。科技工作如果没有"纵深感"，没有超前、长远的部署，科技创新对现代经济体系建设的引领力、支撑力也就无从谈起，更可能错失重要的发展窗口。**要增强创新服务于民生之需**，国家重大需求的核心凝聚着百姓的殷切诉求，国民经济主战场获得的成果服务于提升百姓生活品质。**要认清科技创新服务民生的必要性和紧迫性**，以神圣的责任感和使命感，将创新事业扎根于百姓这片沃土之中。**要形成合力于众人之中**，科技创新的突破与推进，凝聚着方方面面的重要力量。唯有汇聚各方的创新资源和要素，开展"大兵团"协同攻关，才能更好地拓展科技创新的张力，成就"中国制造"的繁荣。

当前，上海正深入学习贯彻党的十九大精神，按照习近平新时代社会主义新思想的要求，深入贯彻落实创新驱动发展战略，加快建设具有全球影响力的科技创新中心。这是一项长期、系统的战略，既需要我们展望未来，也需要我们认真总结和回顾过去。《创新铸就卓越之城》的出版，既是对过去近十年来上海科技创新重大工程发展历程的回顾，更是对上海在新时代、新使命、新征程下科技创新事业发展的深入思考。积土而为山，积水而为海。希望上海科技创新人继续举起引领者的火把，不忘初心，再次出发，用奋斗成就伟大梦想，靠奋斗赢得新的荣光。

是为序。

寿子琪

2018年2月

前　言

今天，似乎不会有人不承认科学技术的重要性，因为科学技术对社会进步和人民生活改善所起的作用、物化的成果无处不在，每个市民从每时每刻呼吸的空气、喝的水的不断改善到上海崇明生态岛的功能初现；从出行的地铁、四通八达的高架隧桥到通向全球各地的浦东国际机场的建造及更新扩建；从生态建筑的问世、超级电容车的运营到外三电厂节能降耗指数独步世界；从国家会展（上海）中心、上海中心这样一些屡破纪录的地标性绿色节能建筑的问世到跨越海陆的长江隧桥的建成运营；我们每个市民都在享受科技带来的便利。20世纪90年代曾经有过一句很有温度的口号——"把科技的恩惠撒向浦江两岸"，2010年上海世博会让"城市让生活更美好"的理念更是深入人心。

智能生活在如今已是越来越不争的事实。但是，很多人对科技的认同和赞叹更多是工具层面的，对科技决策在重大科技项目推出过程中所扮演的角色、所起的作用则不甚了解。这种不了解会导致觉得所有这些事都是因着科技

创新铸就卓越之城
上海城市建设
与可持续发展成果
背后的故事

之力自然而然发生的,或者定个方案后就可以推进落实了。显然事情远不是这么简单,所谓事非经过不知难。事实上,每一次事后看来是正确的决定或决策在形成过程中都伴有大量的酝酿、预可行性方案的比选、现场办公等艰苦的智力和体力的付出过程,背后不仅有诸多专家学者的智慧和经验,更有科技管理部门力排众议后的敢于拍板。敢于拍板是建立在大量前期科学论证的基础上,力排众议则还要突破一些现有机制体制上的障碍,这其中少不了要承担责任、风险……最能说明科技决策与重大惠民工程关系的莫过于青草沙工程了。

20世纪80年代末以来,随着城市发展,上海市民饮水主要来源的黄浦江污染严重加剧,加上水量有限,即使取水口不断上移,仍存在水质不能保证的问题。地处长江河海交汇点的上海其实很早就有取长江水而饮之之考虑,源远流长的长江水量充沛,自净能力强,常年水质指标总体上符合国家 Ⅱ-Ⅲ 类地表水标准。随着上海经济社会发展,生活和工业用水量急剧上升,黄浦江供水量有限,供需矛盾日益突出,开发长江水源更显迫切。但是取水口放在长江下游的哪一水域更合适?多大的库容为宜?另外长江河口海水倒灌期的咸水问题如何解决?为此长江水源地工程的可行性研究在20世纪80年代后期就由上海市科学技术委员会(以下简称市科委)给予立项。

1987年11月,"长江——上海城市供水第二水源规划方案研究"软课题由市科委和上海市住房和城乡建设管理委员会(以下简称市建交委)立项,拉开了长江口饮用水研究的序幕。该项目组织了上海自来水公司、同济大学、华东师范大学河口海岸研究所等7家单位开展联合研究。最终,长江河口的上海市宝山区罗泾镇陈行边滩、江苏太仓市浪港边滩、上海市青草沙滩涂等水域进入水源地规划者的视野,并开始了历时5年的可行性研究。难能可贵的是当时正值黄浦江上游引水一期工程刚刚建成,就在那时,上海的科技管理部门已把目光聚焦至长江水源地的研究,没有未雨绸缪、立足长远的战略思维是难以下这个决心的。

在河海汇交的河口建立大型饮用水水源地,这在世界上没有先例。在这里建立水源将面临咸潮入侵、河势动荡、水环境不稳定等多种风险,而其中开展盐水入侵研究成为青草沙水源地开发最基础和至关重要的一环。1991年,上海市科委和市建委根据上海市人民政府的要求,联合下达了青草沙水源地预可行性研究课题,上海市自来水公司先后在吴淞水厂和陈行水库取水口建立氯化物人工监测站,并着手收集宝钢水库取水口氯化物数据。1993年,市科委立项开展"青草沙水源地盐水入侵规律的研究",市公用事业局委托市原水股份有限公司联合冶金部冶金设计院、公用事业研究所,自行设计了两台氯离子自动监测仪,安置在锚系浮筒上,长江口第一座氯化物遥测站——青草沙"原1号"由此诞生。长江口氯离子浓度通过无线网络,每十分钟传回一个数据。据课题组成员回忆,以前采集海水倒灌的数据都是在长江口某个测点抛一艘渔船,然后24小时连续观测水文、氯化物,用小水桶采水样,一出海就是半个月,一个小时取一个水样,记录一串数据。

自1993年"原1号"建立,至2005年,上海在长江口共建立了15座氯离子遥测站。依托长江口氯离子遥测网络,1998年和2002年冬季,上海抓住长江特枯年份的最不利水文时机,利用遥测、船测和人工监测站,开展了二次新中国成立以来最大规模的长江口"水、沙、盐"水文同步观测,二次观测获取了27万多个数据。当年在青草沙水域布设的长江口第一个氯化物遥测站——青草沙盐度站位置,就是如今的青草沙水库取水口。

经过持续十五年艰苦卓绝积累的长江口长序列海量氯化物数据,结合30年卫星遥感图像资料以及100年河口地形分析,研究团队最终揭示了北支盐水入侵对长江口水源地影响的基本规律,为青草沙水库的规划建设提供了第一手宝贵资料。青草沙水库取水口连续不宜取水天数68天等避咸蓄淡的关键设计参数终于获得,咸潮入侵难题终获破解,为青草沙避咸蓄淡水库的决策与设计提供了科学依据,也为沿海河口淡水资源的开发利用提供借鉴和经验。2002年上海科技奖励大会上,被市政府领导赞誉为"十年磨一剑"的"北支盐水入侵对长江口水源地影响的研究"项目获得了上海市科技进步一等奖,为长江口水源地的开发利用奠定了基础。

同时,15年的研究,河势动荡、水环境不稳定等难题也一一获得破解,"上海新水源地——青草沙水库河势与环境关键技术"获得上海市科技进步二等奖。研究表明,青草沙水源地建设符合长江口南北港分流口综合整治规划,工程建成后可形成有效库容4.38亿立方米的淡水水库,这将为2020年上海市城市供水提供有力保障。2005年,以上述课题研究成果为基础形成的青草沙水源地建设方案,获得市政府有关部门的批准。

1991年起至2005年的15年间,围绕长江口水源地的开发利用研究,市科委先后立了十余个科研项目。仅仅为了寻找长江河口(青草沙)盐水入侵成因及其破解之道,市科委先后立了"青草沙水源地盐水入侵规律研究""长江口盐水入侵遥测技术及其应用研究""长江口北支咸潮倒灌控制工程和南支水源地建设专题研究"等数个可行性和专题研究项目,持续支持上海市公用事业局、上海市水务局、上海市原水股份有限公司等单位,如此密度在软课题研究中并不多见。也许有人会问,一个盐水入侵问题,为什么15年要重复立那么多课题?许多亲历者告诉我们,软科学研究的介入,重在把握和吃透规律,为科学决策提供依据。在反复的研究中,寻找科学规律,才能揭示出真相,掌握由量变到质变的规律。海水倒灌、咸水入侵的一般缘由教科书上都有规范表述,但具体现场位点的情况千差万别,这样就要因时因地不断探究,找到非常精细化的应对方案。市科委给盐水入侵规律研究反复立项支持正是遵循规律使然。

到了2004年,虽然长江口取水已成共识,但是对可作水源地的几处候选地点尚无定论。2004年底至2005年,市科委加大力度,相继下达了"上海水源地环境分析与战略选择研究""上海市水源地战略对策研究""青草沙水源地规划建设关键技术研究"等课题,从战略高度对长江口几个可选水源地作更深入的研究,以提出更具科学依据的推荐方案。

最终研究人员提出了上海市新水源地选择六项原则和推荐方案,并建议青草沙为上海市最佳水源地。相关研究明确提出:上海市供水战略格局和战略对策是开发建设青草沙水源地,青草沙水源地可以构建上海城市供水水源"三源一环"格局,可以满足2 000万人口规模的城市供水需求。该研究成果为上海市长江口水源地的规划和立项建设提供了决策依据。

2005年12月20日至22日,9个学科26位院士和专家组成了多学科、高层次专家组,对青草沙和没冒沙两个水源地的规划建设研究成果,进行了为期3天的科学评估和审查。专家组听取了相关的研究报告,并专程再赴青草沙、没冒沙水域做了实地勘察。经过认真审阅、质疑、充分讨论和专题评审,专家组从安全性、可靠性、稳定性和可操作性等方面综合分析,青草沙方案最终以淡水资源充沛、水质优良稳定、可供水量大、规模效应明显等八大优势胜出。至此,经过15年坚持不懈的科学论证,"青草沙水量最丰富、水质最优,是上海最佳水源地"的论证结果金锤落地。

以上用较多篇幅举青草沙水源地工程的决策过程为例,不仅是因为这是一个深得民心、卓有成效的民生工程,还因为整个决策过程比较典型地反映了科技决策的几重要素:谋划的前瞻性、调研的细致性、论证的充分性、拍板的果断性。

如果说,青草沙水源地确立的案例能非常好地从因果性上揭示科技决策的重要价值的话,那么,围绕剖解崇明生态岛建设的步步推进以及外三电厂节能模式建立中科技决策的过程,也都从不同侧面佐证了科技决策的作用与价值。前者是一个受到国际社会高度关注的紧邻特大城市的生态区域的建造样板,回答了如何能在既不破坏样板地的生态环境,又能使当地居民的生产生活有明显改善的区域可持续发展这一世界性课题；后者则是一个节能减排大背景下城市传统产电行业如何做到行业节能极致的有说服力的案例。这两个案例的背后也都是科技决策这只看不见的手在起作用。在崇明生态岛建设案例中，在崇明生态岛建设还远未提上议事日程时，为这个地区未来发展的谋划布局就悄然开始，而且上海市一开始就明确提出生态岛建设的指标体系要先行。而外高桥第三电厂被选作节能减排的实验田并取得极佳的示范效果，除了离不开那位具有传奇色彩的厂长外，市科委在这家企业最需要支持的时刻多次给予的雪中送炭般的支持，也使后来一系列改革能够推进的内生力量发挥出重要的作用。

超级电容车和上海氢能源燃料电池车的布局实施也是很见前瞻性和担当性。两者都是对未来绿色交通的布局，前者历经十余年的探索和实际载客运行已经进入商业化运营，并且已跨出国门；后者则更具有颠覆性创新的意味，也被称为"真正意义上的清洁能源运输方式革命"，目前该项目仍在不懈努力中。在争夺未来清洁能源的竞争中中国不能缺位，上海能在这方面有定力，这其中既有企业担当，也离不开科技决策的运筹帷幄。

上海中心、长江隧桥和浦东国际机场的建设无一不是创造了业界的纪录，也是工程界的奇迹。这些令人惊叹的伟大工程背后无一不是科技支撑、科技决策的经典案例和产物。这些伟大工程、巨大进步的每一个都在上海迈向现代化进程中具有里程碑意义，也早已写入上海的发展史，留在每个市民的心里。

既已如此，本书的立意何在？今天重提这些往事所为何来？编写者其实也在不断思考这些问题：再复述一下这些成果、历数这些辉煌并不是我们所想要的。经过数度酝酿讨论，立意越渐清晰，那就是：通过还原这些伟大工程、重大进步当年的立项背景、推进过程、实施效果，来看科学决策之于科技和社会进步的长远价值、深远影响；亦有助于未来更好、更自觉地遵循科学规律,真正让科技决策发挥定海神针般的作用,以使我们的决策过程更加科学化、民主化。

从更高的层面上看,刚刚结束的党的十九大提出了新时代及其面临的新任务,要应对这些挑战,我们唯有回归科学,按科学规律指导我们的创新实践。而上海在近十多年在城市建设和可持续发展中的实践和经验,也为我们走好未来的发展之路提供了自信和借鉴。

这个或许就是编写本书的价值所在。

(执笔:江世亮)

目录 / CONTENTS

问渠哪得清如许，为有源头活水来
上海青草沙水源地诞生记
1

为何选址青草沙 / 3
软科学研究先行 / 6
破解盐水入侵 / 7
集成各方智慧 / 10
论证不断走向深入 / 11
金锤定音青草沙 / 12
超前研究"蓝藻" / 14
科研永无止境 / 16

通衢大道何以傲立
上海长江隧桥工程成就背后的故事
17

精密设计，跨越交通难关 / 19
攻坚克难，破解工程难题 / 23
多重防范，全过程保障通行安全 / 30
创新引领，科研服务全局 / 33
意义重大，开创世界纪录 / 34

开启绿色生态建筑之路
上海绿色生态建筑的研发历程
35

绿色生态建筑，自然的延续与发展 / 37
示范引领，上海生态办公示范楼 / 39
世博展示，"沪上·生态家" / 47
传承创新，谱写绿色生态建筑未来 / 56

SHANGHAI

精于工，匠于心
城市最高天际线 上海中心大厦
59

启航，上海之巅 / 61

科研先行，攻克技术难关 / 64

60 000立方米"定海神座"，
一次浇筑 / 68

强筋骨，让"擎天柱"站起来 / 70

穿衣裳，上海中心华丽变身 / 72

1 000吨阻尼器，稳如泰山 / 73

108分钟，全员疏散 / 75

245 994立方米中水，
智能节排 / 76

127根地源热泵，冷热
完美交换 / 77

BIM技术，数字化还原
上海中心 / 79

35秒不到，电梯如约而至 / 80

提前布局、
技术集成，成就绿色
会展航母
记科技创新支撑国家会展中心（上海）建设
82

凡事预则立，不预则废 / 84

科技催生十大成就 / 85

为卓越工程插上
科技的翅膀
记上海浦东国际机场的建设历程
102

国际航运中心筑梦起飞 / 103

借力国际资源开展前瞻研究 / 106

多方支持协调空域难题 / 109

浦东机场定位国际枢纽 / 110

场址东移重构引鸟生态 / 111

科学论证选择强夯方案 / 112

坚持国际设计与自主
创新并举 / 113

超前研究支撑二期扩建 / 116

科学研究助力梦想高飞 / 117

创新铸就卓越之城
上海城市建设与可持续发展成果背后的故事

SHANGHAI

以"创新之肩"扛起节能减排之旗
上海外三电厂奇迹及其动力之源
120
创新,破解能源发展之路的"钥匙" / 122
创新是识人、用人的过程 / 123
外三创新不停步 / 126
不断外溢的"外三效应" / 127

行驶着的现代城市新风景
上海超级电容车创新发展记事
131
电车没有"辫子"照样开 / 133
给创造性工作持续加热 / 137
掉"辫子"不能掉"链子" / 139
从世博会用车到走出国门 / 143

迈向绿色出行"终极目标"的上海方案
上海氢能源燃料电池车发展纪实
150
配合国家战略跟进落实 / 152
上海世博会再上新台阶 / 155
氢能源汽车的上海探索 / 159

目录

CONTENTS

全天车速提高15%的效率从何而来
上海构建智能交通系统的缘起及启示
166
坚定，持续布局奠定科技基础 / 170
坚实，需求导向成就核心技术 / 173
坚韧，不懈努力协调示范工程 / 180
坚持，科技引领其快速发展 / 181

创新让崇明生态岛熠熠生辉
记科技创新支撑崇明生态岛建设的历程
184
崇明，缘定生态文明之路 / 186
科技，携手崇明生态岛建设 / 187
指标，引领崇明生态岛的发展 / 190
护航，科技为生态岛建设提供支撑 / 192
筑梦，科技让崇明未来熠熠生辉 / 193

成功、精彩、难忘的世界级盛宴
科技，让世博更精彩
198
科技助推申博成功 / 200
科技保障世博会成功举办 / 202
传播让"世博科技"走向全国 / 218

后记 / 221

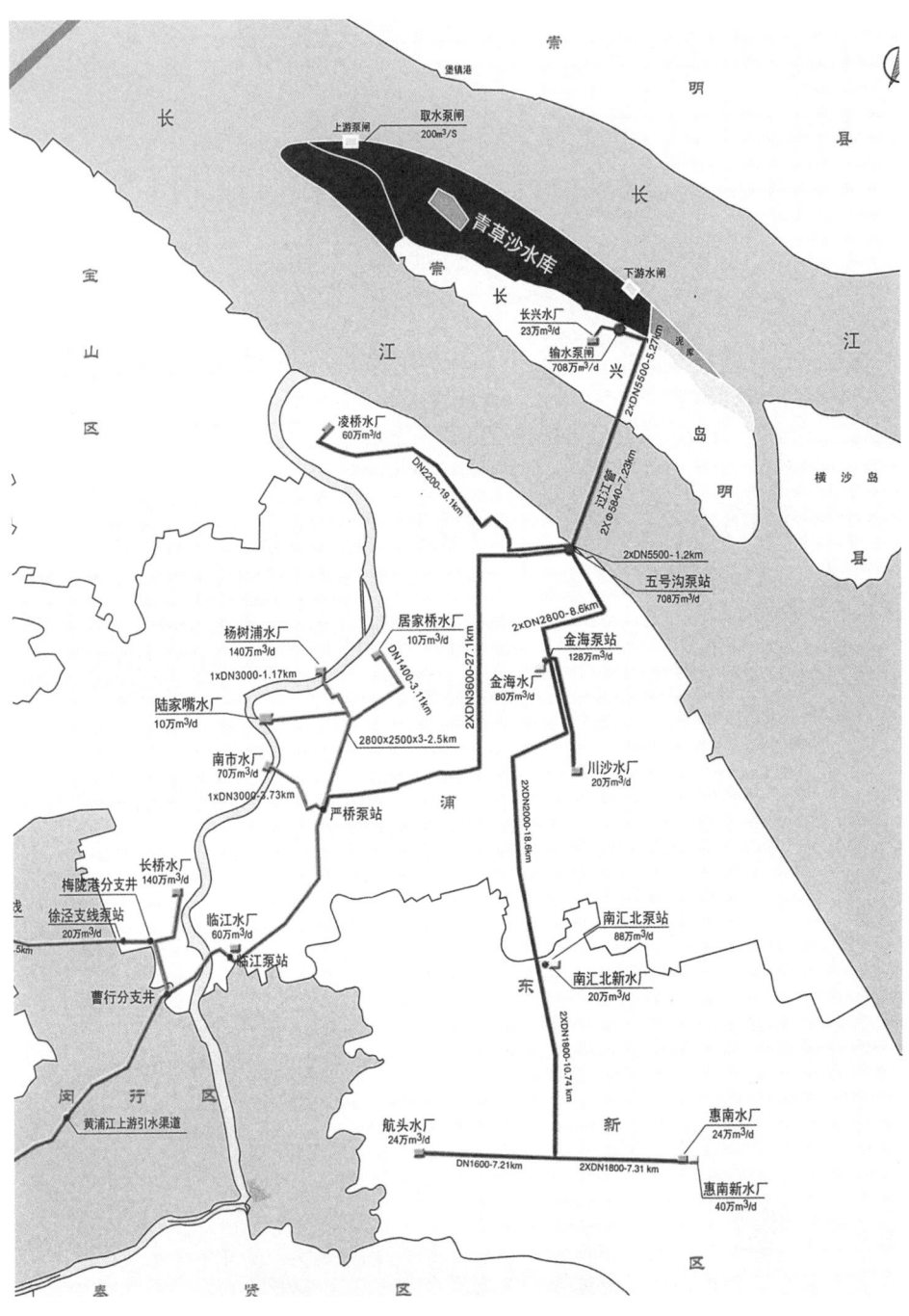

青草沙水库地理图

问渠哪得清如许，
为有源头活水来

上海青草沙水源地诞生记

当今世界，科技创新已成为各国综合国力竞争的主战场，实施创新驱动发展成为多国竞相采用的重要战略。青草沙案例告诉我们，在中国迈向世界科技强国的征程中，在上海建设具有全球影响力的科技创新中心的过程中，科技创新将担当起无可替代的历史使命。这一使命，需要我们充分发挥科技引领对经济社会可持续发展的强大作用力，持续提升科技引领对经济社会可持续发展的深远影响力。

青草沙水源地决策是在上海市委、市政府的高度重视下，市科委、建委等有关部门联合国内数十家一流研究单位，以及一大批专家开展了长期科学研究的基础上形成的，也是在多学科、高层次权威专家的实地勘察和全面系统的评审以及协同创新的基础上诞生的。通过青草沙案例，我们切身体会到，科学决策要始终坚守科技先行，弘扬科学精神，尊重科学规律，坚持科学论证。在科学论证过程中要倡导坚忍不拔、勇于探索的精神，营造尊重人才、容忍失败的氛围，形成聚才、选才、用才、留才、育才的良好环境。实践是检验决策科学与否的标尺，只有基于科学论证作出的科学决策，才能凝聚共识，团结合力，造福民生，成就伟业。

上海青草沙水源地鸟瞰

编撰团队听顾玉亮总工程师介绍杨树浦自来水厂

为何选址青草沙

古今中外,无数文人骚客从不吝啬对水的赞美。水滋养着万物生灵,是生命之源,是影响人类生存与发展的最主要紧缺资源,也是一个城市和地区社会经济发展之源。联合国专家预测,上海是21世纪全球典型的水质型严重缺乏的城市之一。上海水资源总量并不缺乏,但由于地理环境和盐水入侵的影响,可供饮用的水源少。作为特大型国际大都市,上海城市的发展对优质供水的需求越来越大,优质水源的缺乏成为制约上海社会经济发展的一个重要因素。上海从20世纪80年代末开始寻找长江优质水源地,历经十多年的反复科学论证,最终落子长江口青草沙水源地,为上海市委、市政府作出"十一五"上海水源地建设重大决策提供了科学依据,形成了"两江并举,多源互补,安全可靠"的水源地战略格局。

青草沙水库面积66平方公里,容积率4.38亿立方米,供水规模719万立方米/日,占上海原水供应总规模的50%以上,受益人口超过1 300万人,改变了上海饮用水源主要依靠黄浦江的历史。从1987年以来,上海始终坚持长江口水源地选址的科学论证,持续支持"盐水入侵应对"等重大难点问题的研究,超前谋划防治水体富营养化研究,组织优势资源开展产学研用联合攻关,为最终选择青草沙水源地的科学决策和水库建设运营提供了全过程、全方位的科技链支持,充分展现了科技引领对社会经济发展的强大作用,充分展示了上海科技创新和人才培养的实力和成果。在建设上海具有全球影响力科技创新中心的今天,回顾青草沙水源地科学决策的历程,总结科学决策依靠科学论证的成功经验,有助于我们对"科技创新引领社会发展,科学论证支撑科技决策"有更深刻的认识和理解。

上海饮用水水源地为什么要面向长江口?

长江口如此浩瀚,为什么偏偏选址青草沙?

青草沙水源地工程可行性论证为什么要持续15年？

科技决策在重大工程中究竟发挥了怎样的引领作用？

……

2017年6月29日，我们来到城市水资源开发利用（南方）国家工程研究中心，专程拜访中心主任、青草沙原水工程总工程师——顾玉亮。当我们来到水中心屋顶阳台，对面一片老建筑群吸引了我们的视线，在外滩林立的现代化高楼的映衬下，红房子显得十分独特，仿佛述说着她的过去、现在和未来。顾玉亮指着这片英国古典城堡式建筑群，如数家珍般向我们娓娓道来：1881年的上海，租界割据，当时英法租界里的外国人要喝自来水，于是就建了上海第一座水厂——杨树浦水厂，那片红房子就是杨树浦水厂。1883年水厂通水，取水于苏州河。

上海自来水取水口历经百年变迁，从最初的苏州河、黄浦江口下游段，再到黄浦江中游临江段，再引黄浦江口上游松浦段。但随着上海城市的快速发展和对饮用水需求的激增，黄浦江已不堪重负，每年的"黑臭期"呈增长趋势。同时，作为太湖流域最主要下游水系的黄浦江水源也因为太湖水质富营养化的加剧，同样受到被污染的威胁。为了保证自来水的质量，水厂不得不采用重氯消毒杀菌。到20世纪90年代初，上海市民，特别是外地来上海的旅居者都有过这样的记忆，那时上海的自来水有股很强的漂白粉味道。每年冬天总有那么几个月，自来水有股碱味，热水瓶水倒到最后，会倒出许多水垢，洗过的衣服也是硬邦邦的，其实，那就是氯和咸潮倒灌惹的祸。

上海市能够供水的水源主要分地下水、黄浦江和长江。地下水水质优良，但能提供的量较少，并且为防止地面沉降，不宜开采过多，只能作为补充水源。随着上海的发展，黄浦江成为上海市主要的供水水源，我们把它称为第一水源，但由于城市不断发展，污染严重，水量有限，即使取水口不断上移，仍存在水质不能保证的问题。长江源远流长，水量充沛，自净能力强，水

问渠哪得清如许,为有源头活水来 / 上海青草沙水源地诞生记

上海第一座水厂——杨树浦水厂一角

域环境好,常年水质指标总体上符合国家Ⅱ-Ⅲ类地表水标准,地处长江河海交汇点的上海水源专家其实很早就有取长江水而饮之的念想,很多专家从70年代末起就屡屡建言呼吁。据市科技主管部门有关同志回忆,正是在这一时期,有老专家提出上海1000万人喝水是个大问题,那时上海市供水面积360平方公里,供水人口700万,最高日供水量为432万立方米。根据城市总体规划,市区尚需扩大,工业布局亟待调整,浦东正在加紧建设,随着上海经济社会发展,生活和工业用水量急剧上升,黄浦江供水量有限,供需矛盾日益突出,开发长江水源已十分迫切。

但是取水口放在长江下游的哪一段更合适?取多大的面积为宜?长江河口的地理位置每临海水倒灌期必然发生的咸水问题如何解决?与之应运而生的问题必须事先得到解决。也因此,长江水源地工程的规划方案研究在20世纪80年代就由市科委、建交委给予立项实施。

软科学研究先行

为了贯彻上海市政府"加强黄浦江水源地的保护,同时抓紧开发新的供水水源,使上海供水水源逐步转向以长江水为主"的要求,市科委支持了一批软科学研究项目,如"长江——上海城市供水第二水源规划方案研究""上海市水源地战略对策研究""上海水源地战略选择和关键技术问题研究"等。

其中,1987年11月,"长江——上海城市供水第二水源规划方案研究""青草沙水源地预可行性研究""青草沙水源地盐水入侵规律研究"和"上海市水源地战略对策研究"等软课题项目经过论证,由市科委正式立项,从此拉开了长江口饮用水研究的序幕。该项目组织了上海自来水公司、同济大学、华东师范大学河口海岸研究所、水电部上海勘测设计院、交通部上海航道局设计研究院、上海市环境保护研究所、上海市卫生防疫站等7个单位开展联合研究。研究结论认为，长江有可能成为上海市第二水源，并推荐2000年后的供水水源地在浪港。由于浪港位于江苏省太仓县境内，行政区划不在上海，环境保护和行政管理方面存在诸多不确定因素。在这样的背景下，位于上海市域内、长江河口的一片70余平方公里水域的青草沙进入水源地研究者和规划者的视野，并开始了历时近15年的工程可行性研究。1992年12月，该项目获得了上海市科技进步一等奖，为长江水源地工程奠定了基础。

回过头来看，难能可贵的是1987年7月，其时黄浦江上游引水一期工程刚刚建成，这是来自全国各地的近万名建设者艰苦奋战20个月得来的硕果，自通水日起，全上海在每天供应的自来水中，有1/3以上可以取之于黄浦江上游的清洁水了。黄浦江作为上海的"母亲河"，取水理所当然要沿着黄浦江溯流而上。就在燃眉之急暂解，大家觉得可以歇口气缓一缓时，上海的科技管理部门已把目光聚焦至长江第二水源地的前瞻研究，这是一种未雨绸缪的忧患意识，更是一种瞩目特大城市水安全的战略判断。

破解盐水入侵

青草沙，是长江河口的一个冲积沙洲，位于长兴岛的西北方，具有得天独厚的地理位置。通过建设总长48公里的大堤来圈围66平方公里滩涂形成的水域面积，将近于10个杭州西湖大小，将成为世界上最大的河口江心水库。中国工程院陈吉余院士曾在1991年说过："干净水源何处求，长江河口江中求。"按常理水源地选择通常是在山区或江河上游，在河海交汇的河口建立饮用水水源地将面临三大风险。一是咸潮入侵。因为长江口咸潮入侵频发，就要考虑能否取到足量的淡水。二是河势动荡。因为青草沙地处世界上河势最为复杂敏感的长江河口江心，就要考虑是否会被洪水冲垮、是否有利于长江口南北港的河势稳定。三是水环境不稳定。因为青草沙处于长江流域的最下游，就要考虑水质能否保持长期优良稳定。对此，陈吉余院士感慨地说："研究了一辈子仍未完全摸清楚河口的脾气。"专家们认为，在如此复杂的河势下建水库，难度堪比一些世界著名的水库大坝建设。

1990年，上海市水利设计研究院莫傲全等工程师们的一份关于中央沙与青草沙能否圈围造地的可行性研究报告中"圈土不可行，圈水可行"的结论引发了水源地研究者的关注和重视。以夏柔则高级工程师和恽才兴教授为代表的一批自来水与河口专家多年来一直在探究长江河口演变基本规律，对青草沙水源地选址和长江河口河势变迁拥有多年的研究积累。为根本性缓解上海市民的饮用水困局，开发新水源地被列入了上海市"九五"重大工程计划。然而，当时的决策者认为工程要放慢进行，还要继续开展水源地开发的科学论证。

作为世界第三大河——长江的大型河口，水文等条件复杂，要想全面认识其盐水入侵的时空变化难度很大。掌握盐水入侵规律是河口水源地的基础数据资料，是决定建库方案是否可行和确定取水位置的关键先决条件之一，也是确定水库库容大小的依据。由于该水域缺乏盐水入侵历史资料，因此，开展盐水入侵研究成为青草沙水源地开发最基础和至关重要的一环。

1993年，市科委立项开展"青草沙水源地盐水入侵规律的研究"。据课题组成员回忆，以前采集海水倒灌的数据都是在测点抛一艘测量船，然后24小时连续观测水文、氯化物含量，用小水桶采水样，一出海就是半个月，一个小时取一个水样，记录一串数据。1994年，市公用局和原水股份公司委托冶金部冶金设计院自行设计了两台氯离子自动监测仪安置在长Ⅰ、长Ⅱ测

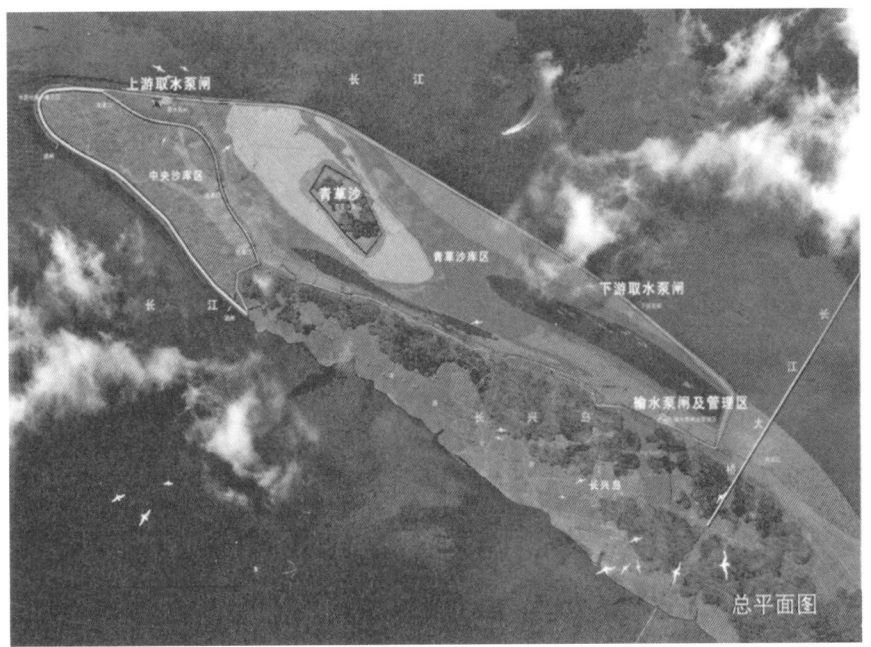

上海青草沙水库库区总平面图

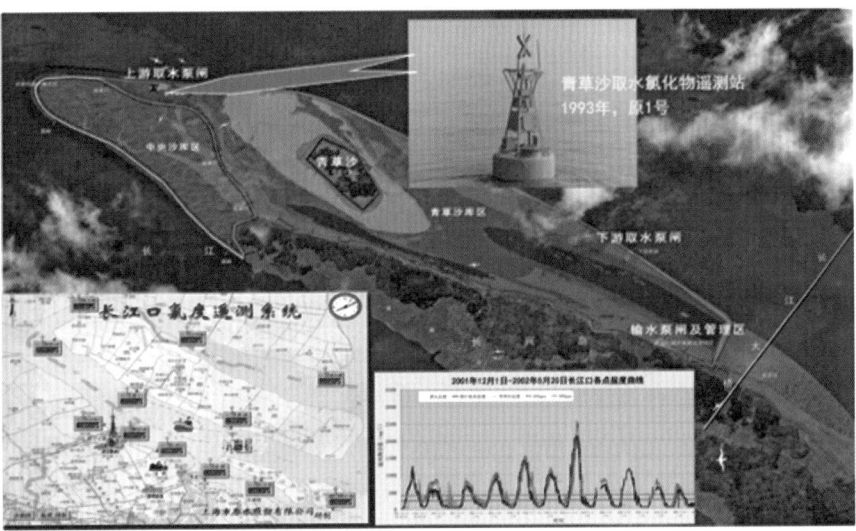

上海青草沙氯化物遥测取水点

点的锚系浮筒上（长Ⅱ测点就是青草沙测点），通过无线网络，每十分钟传回一个数据。经过三年艰苦研究积累了大量第一手数据，为青草沙避咸蓄淡水库的决策与设计提供了科学依据，也为沿海河口淡水资源的开发利用提供借鉴和经验。当年在青草沙水域布设的第一个氯化物观测站——青草沙盐度站如今就是青草沙的取水口。

集成各方智慧

重大科技工程是一项系统性、长期性的工程。上海水源地规划、建设战略相对滞后，无论取水数量、质量，取水方式还是储备能力，都需要研究和确立一个能与世界级城市相匹配的新的水源地战略。这需要我们既要有战略眼光，更要有耐心，且不可急功近利。

2002年，市科委组织了一场"上海市水资源与可持续发展工程对策院士专家咨询会"，启动了对上海水资源可持续发展的研讨，钱正英院士、潘家铮院士等全国20多位专家学者参加了研讨，其间，时任副市长严隽琪参会并发言。论坛从上海的水资源聚焦到上海的水源地，提出了包括"在长江南支建设边滩水库链"等建议。

2003年，在河口、工程以及水利专家研究论证的基础上，市科委提出青草沙研究需进一步拓展视野和思路，并邀请了经济学和社会学研究领域的专家共同参与研究。其中，同济大学诸大建教授等从社会经济学的角度拟写了一份上海水源地专题报告，呈报上海市政府决策咨询委员会的同时，在文汇报刊登了其主笔的《建设上海新水源地》专文，提出了上海新水资源战略设想和建设上海主要水源地的建议。

2004年至2005年，在市科委安排下，上海中国工程院院士咨询服务中心组织了不同学科工程领域的院士专家参与了"上海开发利用长江口供水水源战略对策"课题的验收,院士专家们充分肯定了青草沙水库工程的现实性和可操作性,认为这个工程与长江引水三期工程、各供水水源地联络工程相结合可形成上海市供水系统的战略格局。

论证不断走向深入

2001年5月,国务院批复同意的《上海市城市总体规划(1999—2020)》成为指导新世纪上海城市建设的纲领性文件。根据国家的要求,上海于2003年和2006年分别编制了城市近期建设规划,明确到2020年,上海现有城市供水水源开发和利用水平已远远不能适应城市发展的长远要求。要满足与上海城市发展愿景相匹配的供水需求,保证上海可持续发展,水源地选址决策显得更加迫切。

虽然,上海在寻找水源地方面已做过大量的工作,但还存在不少问题,主要是两个:一是水源地选在何处更为合理,众说纷纭,分歧较大,没有形成共识;二是各方案的科学依据都还有待补充完善,否则领导无法决策。在此情况下,2004年底至2005年,上海市科委加大了组织研究的力度,相继下达了"上海水源地环境分析与战略选择研究""上海市水源地战略对策研究""青草沙水源地规划建设关键技术研究"等课题,在已有研究基础上,对长江口几个可选水源地作更深入的研究,提出具有更充分科学依据的推荐方案。

其中,"上海水源地环境分析与战略选择研究"取得了一批重要成果,并得出在95%供水保证率下青草沙取水口最长连续不宜取水天数为62～70天的结论,比以往的研究缩短了7天;提出上海市新水源地选择六项原则和推荐方案，指出青草沙为上海市最佳水源地。"上海市水源地战略对策研究"明确提出了：上海市供水战略格局和战略对策是开发建设青草沙水源地，结合现有和在建的供水水源工程，青草沙水源地可以构建上海城市供水水源"三源一环"基本战略格局，可以满足2 000万人口规模的城市供水需求。该项目研究成果为上海市和江苏省长江口水源地的规划和立项建设提供了决策依据。依据这一研究结果，青草沙水库和陈行陆域水库建成后，对根本改变上海的用水结构，提高供水水质，保障安全供水，确保市民身体健康具有重大的意义。"青草沙水源地规划建设关键技术研究"对青草沙水源地15年来研究成果进行全面总结的基础上，深入研究了上海市水源地战略布局，提出青草沙水源地是目前上海市地表水水量最丰富、水质最优的水源地，并对青草沙水源地特定项目（重金属和微量有机污染物）进行系统检测和评价等，初步建立了青草沙水库生态动力学等模型。

金锤定音青草沙

青草沙水源地的选择并非一帆风顺，当时社会上也有不少反对的声音。第一种反对声主要认为黄浦江是上海的母亲河，内靠上海，而长江口那么遥远，建设代价太高，有没有必要从长江引水？第二种反对声认为我们要的是淡水，水源地从来都是建在上游的。长江口是河口，是海口，世界上还没有在河口、海口建水库的先例。有人认为青草沙处于长江口南北港分流口，建库必然会导致河势大乱，后果不堪设想。还有人认为长江6 400公里，沿岸的不少企业偷排漏排的各种垃圾顺流而下堆积到长江口，这里的污染严重是可以想见的，为什么要在长江口取水？这些反对的声音中，比较有影响力的是生态学专家从生态环境角度的及时提醒，如果整个长江流域环境越来越恶劣的话,青草沙也很难独善其身。正是听取吸纳了各方不同的声音,特别是非常强烈的反对意见中合理的部分,经过不断反思斟酌优化,青草沙论证方案得以更趋完善。

在多个水源地方案中,除了青草沙方案外,还有没冒沙水源地方案。二者如何抉择?最终抉择的关键在于实践和数据的检验,关键在于管理者和专家的智慧。

2005年12月20日至22日,上海市长江口水源地评估审查会在上海国际会议中心如期举行,时任上海市副市长杨雄同志亲临现场,翁史烈院士任专家组组长。来自水利部科技委、水电水利设计规划总院、中国水利水电科学研究院、中国工程院上海院士中心、交通部长江口航道管理局等中央部委和上海市航道局、上海市建交委科技委、上海市规划局、复旦大学等单位共9个学科的26位院士和专家组成了多学科、高层次的权威专家组,对青草沙和没冒沙两个水源地的规划建设研究成果,进行了为期3天的科学评估和审查。专家组听取了上海诚投(集团)有限公司"青草沙水源地原水工程研究总报告"和上海实业(集团)有限公司"南汇嘴控制工程没冒沙水库规划研究总报告",专家们还专程再赴青草沙、没冒沙水域做了实地勘察。经过认真审阅、质疑、充分讨论和专题评审,专家组从安全性、可靠性、稳定性和可操作性等方面综合分析,青草沙方案最终以"淡水资源充沛、水质优良稳定、可供水量大、水源易保护、有利河势稳定、供水潜力巨大、抗风险能力强、规模效应明显"八大优势脱颖而出。专家组建议"十一五"期间及早启动青草沙水源地工程建设。至此,经过15年坚持不懈的科学论证,"青草沙水量最丰富、水质最优,是上海最佳水源地"的论证结果金锤落地。

2006年1月20日,"扩大长江水资源开发利用,建设青草沙水源地"正式写入《上海市国民经济和社会发展第十一个五年规划纲要》。这项关系上海城市可持续发展的重大决策终于诞生了。

超前研究"蓝藻"

2007年6月,上海市人民政府宣布青草沙水源地原水工程开工建设。

青草沙原水工程的开工建设表明围绕这一工程的可行性研究可以告一段落。与此同时,随着工程建设的启动,市科委对青草沙项目的建设及其后期的运营中已经遇到和将要面临的诸多课题也已做了安排,相继立项和实施了"长江口青草沙水源地设计施工综合关键技术研究""青草沙水库运行节能和新能源应用关键技术研究与示范——大型原水工程输水系统及水泵装置运行节能技术研究""青草沙水源对浦东城区供水管网水力工况影响的模拟研究""长江口青草沙水源地设计施工综合关键技术研究""青草沙水源地污染通量与控制"等一批项目。尤其需要指出的是,在青草沙水源地原水工程建设之际,市科委投入了近2 000万元,前瞻布局了上海市社会发展领域重大科技攻关项目"青草沙库区水体富营养化预控技术集成与应用"。为什么在工程紧锣密鼓建设之时,要投入大量科研经费聚焦水体富营养化预控研究?

2007年,太湖发生大面积蓝藻污染事件,给青草沙水库敲响了警钟。通过查阅档案,我们看到当时科技管理部门更多考虑的是青草沙水库作为特大型河口地区的水源水库,其水质安全受到上游来水、来沙和水质变化的极大影响。特别是作为避咸蓄淡水库,对于确保水库不受富营养化等次生因素的影响十分重要。青草沙水库即将投入运行,控制其受益范围覆盖的中心城区的水体可能出现的富营养化研究,显得极为迫切。青草沙水库是人工圈围的,而且是浅表的,只有7米深,一旦暴发蓝藻很难处理。上海又是长江的末端,产生蓝藻的可能性更大。虽然这是以后运营的事情,但是科技引领就是要提前布局,超前研究,防患于未然。预防和控制水体富营养化的选题就是这种前瞻布局的产物。

该课题组织上海青草沙投资建设发展有限公司、上海环境科学研究院、上海勘测设计研究院、上海城投原水有限公司、上海城市水资源开发利用国家工程中心有限公司、上海市环境监测中心、上海交通大学、华东师范大学、复旦大学、上海海洋大学等10多个专业优势单位,组成产学研用一体的科技攻关团队开展联合研究,共设立了12个子课题,参加的科研及相关人员达到187人。

从2009年7月至2013年6月,课题组经过4年的研究论证,围绕青草沙水体富营养化预控的科学问题,在水库建设至运行初期及时进行科学研究,开展青草沙水源地水质监测、富营养化评价、水动力调控等关键技术科技攻关,形成三大主要成果:一是建立了具备以富营养化指标为核心的11项水质在线监测能力,以及地表水109项指标实验室分析能力的青草沙水库综合水质预警监测示范平台,并应用于生产实践;二是建立了国内首创和规模最大的适合富营养化预控技术及集成应用研究的大型科研实证基地,从物理、生物、化学多方面、多层次开展并形成了水动力调控、太阳能水循环控藻、底泥营养盐释放控制、疏浚底泥固化、生物调控与生态系统优化、高效物化削磷等6项富营养化预控单元技术;三是集成应用研发形成的物理、生物等富营养化预控关键技术,以"主流区水力物理调控为主,滞留区生物生态修复为辅"作为库区水质调控技术实施思路,分别从水库调度方案优化、主流区域引排自净强化技术、局部区域生态修复技术、应急调度运行方案及控沙促淤措施等方面开展研究,建立了以水体富营养化预控为目的、初步业务化的水库调度运行系统,形成青草沙水库生产调度运行初步方案。

这些项目的实施为减缓青草沙库区水体富营养化风险,保障供水水质安全提供了技术支撑,也为今后青草沙水库富营养化和藻类暴发控制的深入研究提供了坚实的科学试验平台。青草沙水库建成运行至今,尚未发生过大面积富营养化等次生因素的影响,确保了供水水质的清洁和安全。

科研永无止境

2011年6月8日，历经15年论证、5年建设，投资170亿元、设计能力719万立方米/日的上海青草沙水源地原水工程实现全面通水，从此改写了上海市民饮用水主要依靠黄浦江水源的历史，从根本上改变了上海城市原水供应格局，长江原水将源源不断地为上海城市发展提供更为安全可靠的清洁水源，造福上海这座城市和她的人民。

青草沙水源地原水工程不仅为国内外河口城市选择水源地提供借鉴，还对沿海城市如何利用潮汐河口淡水资源具有示范作用。虽然青草沙水源地原水工程建成了，但是，由于水库水质情况复杂多变，库区生态环境的建设，促进水库生态系统多样化、完善水库功能，保障水质安全，水库资源的综合利用等许多工作依然需要科技的持续支持。

在青草沙水源地原水工程的后续研究方面，我们看到上海市科委把科研计划项目与上海市人才计划紧密结合，青草沙项目执行过程中已有多人入选上海市优秀学科带头计划和青年科技启明星计划项目，这项重大民生工程在收获一大批科研硕果的同时，也培育了一大批水源地研究、建设和维护的科研团队和优秀人才。

上善若水，饮水思源。

科技如水，润物无声。

青草沙是科学决策的结晶，

是上海管理层、各界专家共同决策的结果。

青草沙从诞生就注定了她的不平凡，那就是通过水的品性，

折射出科技的伟大，

滋润着市民的美好生活。

（**执笔**：上海市科技成果档案资料馆张芝慧等；**核改**：吴冈、费明钰、江世亮和顾玉亮等）

通衢大道
何以傲立
上海长江隧桥工程成就背后的故事

在漫长的历史岁月里,上海市区与崇明岛隔江相望,往来的交通工具只有长江轮渡。2009年10月31日,上海长江隧桥工程建成通车,这是一个梦想成真的故事,彻底终结了1 300多年来崇明岛没有通往大陆的陆上通道历史,也切实打通了一条飞速发展的通衢大道。

"一桥架南北、一隧越两岸",上海长江隧桥南起浦东五号沟与上海郊区环线相连,跨越长江南港,经长兴岛北达崇明陈家镇,全长25.5公里,项目投资132亿元。其中,长江隧道长8.95公里,长江大桥长约16.65公里(其中接线道路6.68公里,跨江桥梁9.97公里)。在工程建设中,设计与建设者们秉承科技引领,在国家"863"计划、市科委"登山计划"与"创新性行动"课题等的支持下,创建起具有自主知识产权的大型越江跨海隧桥工程的核心技术群及其相关技术标准;依托管理创新,建造起比肩世界水平、迄今全球最大的公轨合建隧桥工程。

上海长江隧桥的建成,改善了长江口越江交通状况,优化了上海交通网络体系,打通了国家沿海交通大通道,对增强浦东国际机场和洋山深水港的辐射功能、充分发挥上海区位优势具有十分重大的意义。

上海长江隧桥工程实现结构贯通

精密设计，
跨越交通难关

任何一个重大工程的设计，绝不是一蹴而就的。上海长江隧桥，又称崇明越江通道，是上海长江大桥和上海长江隧道的统称。这条隧桥从筹建到建成，整整用了16年，其中，上海市科委在前期动议、科研布局、项目支撑与创新引领等方面，发挥了关键作用。

早在1993年3月，上海市科委就在前期研讨与谋篇布局的基础上，提出《关于组织参加"浦东-崇明-江苏"过江方案研究的请示》【沪科（93）第075号】。同年5月，原国家科学技术委员会（后更名为科学技术部）主持召开"长江口越江工程重大技术经济问题前期软课题工作会议"，会议成立了上海、北京、江苏南通三个课题总体组，同时展开研究。其中，上海总体组在上海市科委的领导下，在上海市市政工程管理局的直接负责下，组织了上海市规划局、市计划经济研究所、林李公司等多家单位参与研究，并提供了大量资料。

1993年10月，原国家科委汇编并发布了中国科学技术绿皮书第1号"长江口越江通道工程重大技术经济问题研究"，并召开"长江口越江通道工程重大技术经济问题国际研讨会"。会后，在之前三个总体组的基础上，成立了由原国家科委与上海市科委牵头的新的总体组。上海市科委也于当年立项"长江口越江通道工程重大技术问题前期研究"课题，并在次年完成研究报告，对工程的战略意义、技术的可行性等进行了前期的深入剖析，为上海长江隧桥的建设奠定了坚实的基础。

此后在工程研究与设计期间，科技支撑的力度进一步加强。根据工程建设的需要，上海市科委适时开展了一系列关键技术研究，取得了一大批科研成果，为设计中的重大决策提供了科学合理的技术支撑。崇明越江通道工程的可行性研究工作历经了近10年的时间,分别于2000年1月和2003年3月完成"上海市崇明越江通道工程预可行性研究报告"和"崇明越江通道工程可行性研究"报告。2001年3月,上海市将崇明越江通道工程项目建议书上报原国家计委。2001年4月至8月,上海市部署了工程的国际方案征集工作,为工程可行性研究报告打下了良好基础。2002年12月,国务院批准原国家计委立项报告。2003年4月,上海完成工程可行性研究报告预评审,并上报原国家计委。在2004年完成初步设计之后,通过开展设计招标、对初步设计补充研究、通风技术设计、预留轨道交通空间方案研究等一系列专题研究,完成了施工图设计。

桥隧之争

2001年盛夏的多少个夜晚,上海长江隧道工程轨道交通设计院里总是灯火通明,工程技术人员从1993年就开始研究穿越长江的方案,此次他们联合来自英国、美国等多家公司参与崇明越江通道工程国际方案竞标。有的专家提出可以造桥,有的专家提出可以造隧道,桥隧之争再起。

崇明岛是中国的第三大岛,也是世界最大的河口冲击岛,在上海市区到崇明之间修建越江通道需要穿越15公里宽的长江。当时的竞标会非常激烈,共18个方案参与竞标,归纳起来大致分为三种意见:一种是全桥方案,建议一桥飞跨;一种是全隧方案,建议一隧穿越;第三种则是南隧北桥方案,即以隧道形式穿越长江口南港水域,以桥梁形式跨越长江口北港水域。相比而言,第三种方案工艺上不是最简单,经济上也不是最节省,但最终为什么会被采纳呢?

不同的江段、不同的地质环境会得出不同的结论。在过去的二三十年里,在长江,特别是长江中下游已经建成87座大桥。但是上海的这个长江入海口却有些不同,南港是优良的深水港,是集装箱装备船舶进出上海港的必经通道,如果在这里建造大桥,将会影响长江口主航道正常通行。挖隧道虽然难度大,但最大的好处是不会影响航运。把桥修到北港,把南港完全敞开,取江底隧道而过之,就不会对黄金水道造成阻碍。

经过数度论证与多番举证,南隧北桥方案最终得以采纳。上海长江隧桥工程起于上海市浦东新区的五号沟,经长兴岛到达崇明县的陈家镇,全长25.5公里,这是目前世界上最大的隧桥结合工程,其中穿越长江口南港水域的隧道长约8.95公里,跨越长江口北港水域的大桥,长约9.97公里。

人工岛之争

经过多年的设计规划和前期勘察,南隧方案日渐成熟,但是隧道设计者心中还存在一丝顾虑,即是否要在南港中央建设人工岛?主张人工岛方案的专家们认为,即使可以克服施工中的困难,完成隧道在水底7.5公里的一次性掘进,但是在日后使用过程中,隧道通风和降温问题还是很难得到解决,因此建造人工岛不仅仅是为了隧道施工的安全,也是为了使用的百年大计。

水文专家们提出反对建人工岛的理由也非常充分,因为人工岛一旦建设将是永久性的,开阔的南港水域中从此有一座小岛,直插入55米深的水底,对于水域河床的冲刷以及河道的变迁将产生巨大的影响。上海长江隧桥所跨越的长兴岛虽然只是长江上的一个小岛,对于上海却有着重大意义。这里正在建设世界上最大体量的造船基地,如果在南港水面修建人工岛,那么原有水文格局下航道的作用就大打折扣。此外,在长江南港建造人工岛也不是一件容易的事情,其技术难度不亚于水下隧道的挖掘,南港水域繁忙的运输也会给施工带来极大的困难。

上海长江隧桥工程

争论不定之际,市科委坚持科学论证为先,于2004年立项支持了"江中大直径风井(江中人工岛)施工技术研究"课题。随着课题研究的深入,课题组得出了"因南港河势不稳定、江中风井设计与施工难度大、影响长江口河势等问题取消设置江中风井"的结论,并向市科委申请终止课题。市科委本着求是求真的态度,允许课题改变研究方向,转而研究不设江中风井后长距离施工的关键技术,并继续给予研究支持。这种实事求是、善纳真言的务实态度为人工岛之争画上了圆满的句号。据统计,仅取消原本设计在南港中央的人工岛一项就节约投资约1.78亿。对水底隧道进行7.5公里的一次性掘进经受住了实际工况下的严峻考验,并由此产生了世界隧道施工史上一个新的纪录。

攻坚克难,
破解工程难题

上海长江隧桥工程的科研工作,始终得到了上海市科委的大力支持和具体指导。早在2004年初步设计阶段,市科委就投入资金展开"登山计划"项目的研究,包括"长江隧道结构的技术研究"等7项重大课题。2007年,市科委根据工程进展,继续加大支持力度,批准立项"创新性行动"课题——"上海长江隧桥工程养护管理及数字化技术研究",2009年,市科委立项"特大型盾构隧道数字控制关键技术研究与应用"课题,为工程的运营与维护提供了强有力的技术支撑。

以上科技创新研究项目与成果对长江隧桥建设起到了至关重要的作用。在建设过程中,通过加强科技成果的应用,建立了具有自主知识产权的大型越江跨海隧桥工程的核心技术群,促进了公轨结合、预制拼装、细砂路堤、LED照明节能等节能环保系列技术应用,保证了长江隧桥工程顺利建设。随着一大批新工艺、新技术成果的集成、转化、应用、示范与推广,极大地提高了长江隧桥的施工水平、安全系数与建设效率,科研服务全局的重大作用进一步凸显。

预留轨道空间

2005年12月,一个新的修改要求又摆在了工程技术人员面前。原来,随着城市交通的迅速发展,长江隧桥原有交通流量设计已经不能满足市民的出行要求,从立足满足未来大运量的需求出发,上海长江隧桥需要担负起预留轨道空间的新任务,这无疑是隧桥建设过程中最大的挑战,在如此规模的隧桥结合工程当中增加一条轨道交通的方案,在世界上也是绝无仅有。轨道加在哪里,进展到一半的工程该如何继续?

就长江隧道段而言,按原来的设计,隧道分为上下两层,轨道的上层为三车道的行车带,下层为救援车道,而现在根据预留轨道交通空间的要求,设计人员必须通过优化建筑断面,在将下层设计为轨道交通预留空间的同时,还要满足公轨兼用隧道的防灾要求,也就是在原有救生通道空间里硬生生挤出一条轨道交通空间,还要将原有的逃生通道功能充分保留。超乎预料的是,轨道空间的加入反而更加完善了长江隧道有关安全逃生的设置,节省费用约10亿元。作为一条现代化的大直径隧道,长江隧道在安全方面做到了万无一失,不仅可以抵御7级烈度地震,还是一条可以有序逃生的隧道。

而在长江大桥段,由于轨道交通和公路交通荷载方式大不相同,钢轨和公路桥面在热胀冷缩条件下伸缩幅度也大不相同,桥面变形容易拉断钢轨,而钢轨的伸缩作用力传导下的桥面也会因折损而影响使用寿命,因此轨道和公路共处同一梁面的设计难度很大。工作人员遍寻资料并无先例,国内

预留轨道交通横断面示意图

外虽有轨道和公路共享一座大桥的例子,但是大多是分为上下两层运行。经过三个多月的仔细研究,设计团队把原来三车道中的外紧急停车道改造成轨道预留空间,这样除了部分装机需要加固外,已完成的装机都将继续使用。此外,还特别为大位移伸缩缝提供了公轨共面的解决方案,大位移伸缩缝犹如一个巨大的弹簧,最大位移量达到1 760毫米,通过伸缩缝不仅可以调节钢轨和公路桥面不同热胀冷缩系数,还可以承受轻轨过桥所产生的振动。

长江隧道:
盾构法、岩基标、防水与密封

众所周知,上海是一座滨海城市,土质非常松软,在长江的上海端挖掘一条地下隧道是一项前所未有的工程,其工程难度世所罕见,好比在豆腐里打洞,极易发生坍塌、渗漏等工程事故。但是,在一系列国家和上海科技攻关项目的支撑下，众多世界隧道工程建设史上从未遇到的难题，最终一一得以化解。长江隧桥在工程建设中取得的结构全寿命耐久性技术、盾构机开挖面稳定研究、盾构机进出洞技术等十余项科研成果，造就了世界工程史上的奇迹，蕴含着许多令中国工程界骄傲的"世界之最"。

盾构法

由于上海长江隧道工程的超大直径、特长距离、水下厚覆土、长江口复杂地质条件等工程和环境条件，工程在衬砌结构设计、多功能隧道通风、排烟、降温、综合防灾和工程风险控制等方面都遇到了前所未有的难题，制约了整个工程的安全、质量，并导致工程造价居高不下。盾构机是最有效的隧道挖掘工具，根据不同的隧道施工要求，每次都需要进行不同的设计和建造。2005年2月，上海长江隧桥工程指挥部向德国海瑞克公司定制了两台当时世界上最大的盾构机，然而，提供给上海长江隧道施工所需的盾构机却不是一件容易的事情。上海隧道股份有限公司与德国海瑞克合作历时一年半，共同完成了对上海长江隧道盾构机的度身定做——长江一号和长江二号。例如，刀头是盾构机的核心，由它负责直接对土层进行切削，因此也是损耗最大的部分，什么样的材料能保证掘进7.5公里呢？长江一号盾构刀头采用高锰钢制造并经过特殊的处理内部，具有良好的韧性，表面又具有很高的硬度。当表面破损后，露出的新表面遇空气又会自动发生加工硬化，如此设计保证了刀头刀具所向披靡。但是毕竟是一次性掘进7.5公里的施工，中途将出现什么问题很难预计，工程技术人员从来没有遭遇过如此艰难的地层和如此长的距离。据此，长江一号盾构安装刀头报警系统，可自动显示刀具磨损情况，技术专家们还开发了在长压密封情况下更换被磨损的刀具的方法，这些都是为长江隧道度身定做，以确保工程万无一失。

为了给隧道设计提供科学的技术支撑，进一步提升我国的隧道工程设计技术水平，市科委超前布局的工程建设关键技术项目，解决了超大直径隧道施工关键难题,形成一批具有自主知识产权和创新特色的核心技术群,并创造了长江隧道盾构"大、长、深"等多项国内外领先纪录,即盾构一次性推进距离长:两台盾构一次连续掘进7.5公里,不设中间检修井,施工中轴线偏差在±75毫米标准以内,在世界上绝无仅有。盾构直径大:盾构直径达15.43米,达到一级防水标准,超过南京长江隧道盾构直径14.93米,是当时世界直径最大的盾构。隧道埋设深:隧道最深处距水下55米,江底隧道无渗漏,打破日本东京湾公路隧道埋深50米的纪录。

上海长江隧道使用的盾构机

基岩标

因为没有了可以检修设备的人工岛,要让两台庞然大物顺利抵达彼岸并不是一件容易的事情。按照规划,盾构将从水底软土中穿越长江前进,最深处达55米,要在黑暗世界中摸索走完7.5公里,保证从浦东这一岸精确到达长兴岛这一岸,精确的基准测量点尤为重要,于是一种先进的测量方法被应用于上海长江隧道工程中,那就是基岩标。在深400米的岩石上打下基岩标,通过标体构件将其引至地面,作为测量基点,帮助盾构在土层中精确掘进。通过这些幕后指挥,最后两台盾构抵达7.5公里彼岸时误差仅为5厘米和2厘米,这对于一项土木工程而言,已达到了一个非常高的控制水平。

防水与密封

长江隧道由巨大环状管片拼接而成,每片管片宽度达两米,每十片管片拼成一个环,整个隧道共有50万米的拼装接缝。作为隧道与长江的直接接触面,隧道管片能否精确拼装关系到安全大计。为保证能拼成完美圆形,每一环管片的制作误差必须小于0.5毫米。因此,设计人员为每一片管片度身定制了定植的弹性橡胶密封片,经过反复试验、优化,最终确定了高21.5毫米、最宽44.5毫米的7孔、4齿条的多孔性结构断面,在接缝张开8毫米、错位6毫米的情况下,依旧可以承受104米高水压而不渗漏,它与管片外部的屏障蓄水条共同构成了两道防线。正是这74 710块巨大的管片、50万米的拼缝,形成了坚强无比的地下防线,真正做到了"头顶一江水流,足下滴水不漏"。

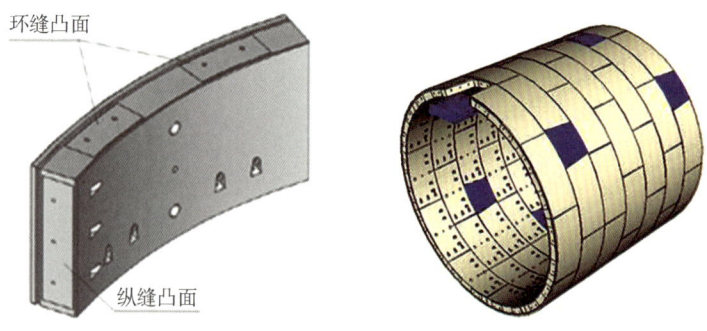

长江隧道管片拼接图

长江大桥：
技术突破、"人"字形桥塔与细沙注入

技术突破

上海长江大桥集中了多项创新技术——公轨合建桥梁的设计理论与安全评估、大跨度分体钢箱斜拉桥设计与施工关键技术、主跨105米钢-混凝土组合箱梁设计分施工技术、预制墩柱设计分施工技术等，并制定了大跨度桥梁和各类长联桥梁列车行车安全和技术标准。

"人"字形桥塔等创新设计

崇明是世界重要的候鸟栖息地之一，被誉为上海城市的后花园，因此长江大桥与自然生态的融合非常关键，如何设计才能让人耳目一新，又能使现代化都市与原生态宝岛和谐统一？

桥梁建设在实现交通功能的同时，也要考虑发挥更多的美学价值。上海长江大桥位居长江入海口，堪称万里长江第一桥。如何使桥梁的景观成为上海的一个新地标？

经过上海市政院建筑师和工程师的充分沟通，设计团队最后选择了212米高的"人"字形桥塔，这在桥梁设计中尚属首次。这种"人"字形桥塔也体现了中国传统文化天人合一的理念，流畅的桥面从主塔腰际穿过，简洁流畅受力合理的塔形，体现了力与美的完美结合。

上海长江大桥全线设有一个"S"形弯，这种桥梁的线型设计，既考虑了对水流的影响最小，又与整座桥梁功能要求的线型结合起来，使得造型优美的同时还满足了环保上的要求。此外，在桩基、墩台等设计中，设计团队充分考虑了长江入海口作为中华鲟、长江刀鱼等长江珍稀鱼类繁衍、越冬的重要水域，以及在生态保护中所发挥的重要影响，通过妥善的设计，避免了对这些生物造成伤害。

细沙注入

按照规划,上海长江大桥路上段与后来建设的崇启高速的连接段有长达4.46公里的地面道路,这意味着需要60万立方的土来注入。然而,土源从何而来?崇明总面积1 200平方公里,如果从周边的农田里取土,农田就会成为坑塘、水池,如果从其他地方运土,只能一船一船走水路,不仅浪费时间,更增加了一倍成本。这时有专家提出用长江口的江底淤沙作为填注物。这些淤沙本身需要每年清理,并通过大量的人力财力运出崇明岛,何不就地取材、细沙注入?这一灵感令人叫绝,但是经过测量,江底的沙颗粒太细而且松散没有黏性,连潮水冲击都抵挡不了,令人怀疑是否可以将路基建设成为百年工程。在正式采用细沙入基填筑工艺之前,技术人员进行了3个月的实验,他们向细沙中加入掺和料,并在施工中采用分层填筑、分层碾压方法,最终确定了填沙路基最佳压实方法和最终含水量的控制方法。这段4.46公里的细沙路基开创了中国大规模使用长江细沙注入的先河。这一创新,对于上海这个靠江近海的城市来说无疑是一大福音。

多重防范,
全过程保障通行安全

长江隧道被划分为3层5孔,即顶部为排烟风道,中部为公路交通层,底部中间为预留轨道交通空间,其左右侧分别为疏散通道和电缆通道。又宽又长的越江隧道,对设计者提出了极高的防灾减灾要求。经过周密的综合评估,长江隧道选定了内部"路路通"的疏散模式,配备光纤光筛报警系统、泡沫水分灭火系统,并在郊区专建防灾试验场,这是国际上首次在全比例超大直径火灾试验场开展隧道防灾系统联动的全真模拟。

防灾系统全覆盖
安全系数更领先

在上海长江隧道方面,由于隧道与外界连接通道少,环境封闭,逃生条件和烟热排除出口有限,隧道内消防疏散矛盾十分突出。针对上海长江隧道的特点,如何保障隧道运营安全,构建科学合理的防灾体系,降低事故发生率并减轻事故发生后的损失,成为设计决策中的重大关键问题。上海长江隧道防灾系统设计中明确了以"预防为主、防消结合"方针,建立了隧道内综合人防加机防的防灾系统,由水消防系统、火灾报警系统、交通监控系统、事故通风和排烟系统以及人员逃生疏散设施和建筑防火系统组成,并首创了重点排烟加纵向通风的通风排烟方式。其中,火灾时的人员疏散采用了连接通道加楼梯疏散的智能疏散设计(8个逃生连接通道和54个逃生楼梯)。如发生火灾状况,可根据中控室统一指挥疏散,智能型双向箭头逃生指示标志设计中采用发出绿光LED灯,既节能环保,又能最大限度增强照明指示标志的光照衰减度。此外,逃生人员还可以自行开启疏散门,从车道板下通道内进行撤离。

隧道内防火防灾多次演练场景

上海长江大桥的防灾系统与安全系数也同样做到了世界领先，它能够抵御7级地震和12级台风。考虑到上海多雨雾，上海长江大桥的防撞护栏上，每隔30米就会出现一盏高亮度LED雾灯，大雾天气时会发出一闪一闪的红光。整座桥梁上共有雾灯1308盏，能有效地引导大雾天桥上车辆的安全通行，人性化的周到设置使得长江隧桥工程成为一项充满人情味的工程。

养护工作更先进
监控系统更智能

上海长江隧桥是投资超过百亿的特大型设施，集多项"世界第一"于一身。故而从日常养护角度看，并不适用针对普通隧道、桥梁的养护经验和检测流程。为此，上海市科委早在长江隧桥建设之初就支持同济大学与长江隧桥建设发展有限公司等组成课题攻关组，立项研究特大型隧桥的后期养护工作。以长江隧桥工程为载体，课题组首次把"数字化管理"和"全寿命周期"两个因子，注入特大型越江交通设施的养护工作，建立了特大型越江交通设施建养一体数字化平台，实现了对勘察、设计、施工、监测与养护数据的全程管理。2011年，"特大型越江交通设施建养一体数字化关键技术"项目获得上海市科技进步奖一等奖。

此外，课题组还成功研发了基于探地雷达的沉降控制方法、火灾后评估的检测方法等技术方案。隧道里大量探头全天候监测温度、湿度、风速、一氧化碳浓度等各项关键指标，及时向监控中心"通风报信"。就连混凝土里也埋有传感器，随时为隧道结构做"体检"。隧道里任何一处发生事故，无论发生在公路层还是轨交层，整条隧道将集体进入"事故状态"，所有通道马上启用应急状态。

创新引领，
科研服务全局

在建设过程中，上海市科委与各建设主体单位高度重视科研创新与科研管理的重要性。秉持"设计指导施工，施工印证设计，科研服务全局"的原则，开展高质量的科技攻关。通过系统的论证，对成果进行提炼融合，使这些科研成果形成了有机整体，有效地降低了项目建设管理风险与成本，从而使科研工作有机地引领了项目建设的全过程。综合而言，隧桥项目科研工作最大的成功经验之一，就是充分认识到前期论证的重要性，通过抓好科技攻关、科研工作，为后续施工、设计服务；通过技术进步、工艺优化、科学管理，最大限度降低建设成本和施工风险。

长江隧桥建设项目从可行性论证开始，就非常重视科技研发的投入，投入了大量的资金用于科研试验与科技研发。截至 2009 年 10 月，长江隧桥工程科研试验投入总规模已达到 8 000 多万元，其中包括原国家科委资助 445 万、上海市科委资助近 1 500 万元，如此大规模的科研投入在同期施工项目中实属罕见。

正是秉承科研服务全局，坚持精密设计、攻坚克难、多重防范与创新引领，上海长江隧桥在施工过程中未出一例安全事故，节约了大量投资并顺利提前完工。据统计，长江隧桥竣工决算审计工程建设投资为 115.71 亿元，与批准的初步设计概算 126.16 亿元相比，节约了投资 10.45 亿元；与增加轨道交通调整概算 132.00 亿元相比，节约了投资 16.29 亿元。此外，长江隧桥于 2004 年 12 月 28 日正式开工，到 2009 年 10 月 31 日工程通车并投入试运营，比交通部批复工期提前了 9 个月。

意义重大，
开创世界纪录

上海长江隧桥工程在工程建设过程中，始终对标国际前沿技术。在国家863计划和上海市科委"登山计划"支持下，上海长江隧道向隧道工程领域的若干前沿课题发起挑战，通过以我为主、博采众长的理念，形成了一批具有前沿性的科研成果，不仅创造了多项国内外领先纪录，还形成了具有较大推广应用价值的工艺、质量检验标准。各参建单位共取得了60多项具有中国自主知识产权的核心技术，获得55项授权专利和19项软件著作权，编制了规范5部、工法11项。长江隧桥工程先后荣获上海市"白玉兰"优质工程奖、上海市市政工程金奖、2011—2012年度国家优质工程金质奖、第十一届中国土木工程詹天佑奖等，并获得上海市科技进步奖一等奖2项、教育部科技进步奖一等奖1项。

上海长江隧桥这一具有世界先进水平的隧桥结合、公轨同层共面的精品工程，标志着我国大型隧道的建设水平已提升到了新的高度。工程建设过程中形成的多项核心技术已广泛地应用到上海长江西路隧道、杭州钱江通道、南京长江隧道、港珠澳大桥、杭州九堡大桥、崇明至启东长江公路工程等重大工程项目，推动基础建设投资几百亿元，为长大越江跨海桥梁和隧道的建设提供了强有力的技术支撑。

（**执笔**：上海市科学学研究所曲洁、周小玲；**核改**：费明钰等）

开启绿色生态
建筑之路

上海绿色生态建筑的研发历程

建筑，是城市的细胞、文化的沉淀、我们栖息的空间。绿色生态建筑作为现代城市建筑的发展趋势，已成为城市可持续发展水平的重要标志。上海结合自身的地理特征、资源禀赋、文化传承与发展愿景，在市科委的缜密组织与全力推动下，绿色生态建筑领域历经十余年的关键技术和产品研发、适宜技术体系集成研究和实践应用，形成了蕴涵中国科技和文化元素的"节约能源、节省资源、保护环境、以人为本"的生态建筑理念，引领了国家绿色生态建筑的研究与发展。

在以上海生态办公示范楼、世博会"沪上·生态家"等为代表的绿色生态建筑示范工程研究与实践中，市科委集聚了一批国内外绿色生态建筑领域的技术精英，引进消化国际上绿色生态建筑的最新研究成果，整合相关学科的核心技术力量协同攻关，研发形成了具有自主知识产权的绿色生态建筑关键技术、产品和工艺，集成创新融合中国特色、时代特征和上海印记的绿色生态建筑技术体系，形成可推广可复制的绿色生态建筑建设模式，其溢出效应推动了相关产业的协同发展与提升，在新一轮中国城市发展的机遇中，推动了我国绿色生态建筑走向世界先进行列，谱写出未来城市发展的新篇章。

上海生态办公示范楼效果图

上海生态办公示范楼实景图

绿色生态建筑，
自然的延续与发展

日本著名建筑师隈研吾说过："建筑是自然的延续。建筑作为一个国家、一座城市可持续发展战略的重要组成部分，由传统高消耗模式向绿色生态发展，追求绿色、节能、高效已是当今世界建筑科技与艺术发展的研究热点和必然趋势。"

最早的生态建筑概念是在20世纪60年代，由意大利建筑师保罗·索勒瑞（Paola Soleri）提出，1981年国际建筑师协会第14次大会首次提出了"建筑、人口、环境"的主题，并在1993年国际建筑师协会第18次大会上，以"建筑在十字路口——为持久未来而设计"为主题，发表了《芝加哥宣言》，指出"建筑及其建成环境在人类对自然环境的影响方面扮演着重要角色"，在全球生态建筑发展史上具有里程碑意义。1996年，在伊斯坦布尔召开的联合国人居环境学与建筑学大会上，各国首脑签署了《人居环境议程目标和原则——承诺和全球行动计划》，形成了绿色生态建筑共同的国际行动纲领。

40多年来，绿色生态建筑由理念到实践逐步完善。加拿大发起的"绿色建筑挑战"行动，大力推行新技术、新材料、新工艺，实行综合优化设计，使建筑在满足使用需求的基础上所消耗的资源、能源最少；日本颁布的《住宅建设计划法》，提出"重新组织大城市居住空间"的要求，满足人居环境新的发展需求；德国推行适应生态环境的住区政策，切实贯彻可持续发展的战略；法国开展了包括改善居住区环境为主要内容的大规模住区改造工作。欧美发达国家在建筑设计、自然通风、降低能耗、可再生能源利用、绿色环保建材、绿化配置等单项生态关键技术研究方面取得了大量成果，发展出适合地域特点的绿色生态建筑技术体系，并通过各具特色的绿色生态建筑示范工程，展示其理念、技术与实践成果，引领未来建筑发展方向。例如，英国生态环境楼和Integer生态住宅样板房、英国诺丁汉税务中心、丹麦斯科特伯肯低能耗建筑、德国太阳能技术应用示范科技园区等，将自然通风、自然采光、太阳能利用、地热开采、中水回用、绿色建材等与智能控制的高新技术结合，展现人类与自然的和谐发展，充分体现了绿色生态建筑的魅力与广阔前景。

崇尚自然、喜爱自然自古亘有。相对于西方建筑，东方建筑更重于写意，享受人与自然共存、共融，展现人文关怀。中国地大物博，建筑艺术源远流长，不同地域和民族其建筑艺术风格虽有差异，但尊重自然、师法自然是中国传统建筑之精髓，是有几千年历史与文化积淀的中国建筑重塑辉煌的必由之路，并因此而融入世界绿色生态建筑发展趋势。在20世纪80年代，著名建筑学者顾孟潮先生提出了"未来的世纪是生态建筑学的时代"，余谋昌先生在"建筑的生态设计"一文中指出生态观念渗透到建筑领域，将对建筑文化产生深远影响，并预测这一潮流会很快到来。20世纪90年代中后期，我国的绿色生态建筑理念开始萌芽和发展，1994年我国发表的《中国21世纪议程》，对进一步改善和提高居住环境质量提出了更高的要求和目标。

上海是一座中西方文明碰撞与交融的卓越城市，是中国通向世界的门户，是连接全球科技的窗口。东西方精华在此集结融合，产生的结晶形成了独具一格的文化特征，"石库门"建筑就是中外文化融合的典型产物。因此，率先开启绿色生态建筑之路，是上海这座独特的中西交融城市的地域优势与历史使命。上海市科技发展决策部门审时度势，借助中国改革开放的大好时机，顺应国际上绿色生态建筑的发展态势，从20世纪90年代开始布局绿色生态建筑的研究与实践，开启了中国绿色生态建筑科技创新之路，成就了当今绿色生态建筑在国际舞台上的中国创造。

示范引领，
上海生态办公示范楼

上海生态办公示范楼是我国真正意义上的第一幢绿色生态建筑，更是上海市科委"十五"重大科技专项"生态建筑关键技术研究及系统集成"的研究成果与实践典范。作为中国对绿色生态建筑的探索和实践，上海科技工作者借鉴国际先进的绿色生态建筑技术成果，创新性地提出了蕴涵我国科技和文化元素的"节约能源、节省资源、保护环境、以人为本"的绿色生态建筑基本理念，并开展绿色生态建筑关键技术研究及系统集成的研究、示范与推广，建设了具有国际先进水平、体现上海地域建筑风格的生态示范办公楼。

上海生态办公示范楼坐落于上海建筑科学研究院莘庄科技发展园区，占地面积904平方米，建筑面积约1 994平方米，已成为我国绿色生态建筑科技示范、培训交流和后续技术研发平台，为推动我国绿色生态建筑的科技进步、理念传播和推广应用起到引领作用，并为上海2010年世博会的绿色建设提供了不可或缺的技术借鉴。

把握机遇
开启上海绿色生态建筑之路

1992年召开的党的十四大，正式提出了"以浦东开发开放为龙头，把上海建成国际经济、金融、贸易中心之一，带动长江三角洲和长江流域经济发展"的重大战略，上海走上了全国改革开放的前沿阵地。上海市科委以上海城市性质和功能定位发生根本变化的重要机遇与挑战为契机，把城市建筑设计与建设与世界先进水平对标，作为上海建筑科技进步的重要任务。

改革开放以来，上海成功地解决了历史积淀的住房难难题，建筑产业也由此成为经济发展的支柱产业。然后,针对建筑综合能耗高、环境压力大、资源利用效率低等一系列问题,通过科技进步解决传统建筑业高速发展带来的巨大能源消耗,以及对环境日益严重的压力,消除上海生态环境的短板,成为城市建筑科技进步的重要目标。

降低传统建筑能源消耗量和污染物排放量,使建筑发展由高耗能模式转向高效、绿色、生态模式,达到节约能源、保护环境的目的,成为上海城市建筑科技进步追求的目标,也是上海绿色生态建筑科技行动的重要思想。由此,上海市科委前瞻性地开展前期的研讨工作,听取国内外一流学者的声音,组织有关专家及领导前往英国、法国等地实地考察交流,逐步形成了上海城市建筑向绿色生态发展的科技攻关模式与路径。

时任市科委社发处处长的马兴发,一次次下基层调研,奔走于科研单位、大专院校、设计院所及工程建设单位,听取专业人士的意见,一边在鼓动开展相关研究探索,一边在寻觅上海推进这一领域研究与实践的科技领军人物。渐渐地,汪维、王如竹、胡永红等一批专家学者进入科委领导的视线。时任市建筑科学研究院所长的汪维高工曾在英国建筑研究院(Building Research Establishment, BRE)作为访问学者,在一年多的访问研究工作中,亲历了BRE将研究重点专注于建筑生态、建筑环境、建筑节能和"聪明屋"等研究与设计,亲身感受了国际上最先进的绿色生态建筑、可持续建筑思想,了解了世界可持续建筑技术的最新动态,回国后得到上海建筑科学研究院领导的重视,开始了绿色生态建筑设计建造方面的探索。

在科委领导的支持下,汪维先生的专业经历与学术所长得到充分展示,并成为中国绿色生态建筑的科技领军人物。同时,一支由建筑设计、材料科学等各专业人员形成的上海绿色生态技术队伍也由此初具雏形,当时的研发人员逐步成长为今天中国绿色生态建筑的中坚技术力量,为这一领域走向全国、迈向世界打下了坚实的人才基础。

在市科委推动下，一场场的研究讨论，一次次的头脑风暴，一对对思想智慧的碰撞，一遍遍对上海海派文化的解读，逐步形成了具有上海地域特征、中国特色的"节约能源、节省资源、保护环境、以人为本"绿色生态建筑理念。同时，上海以建设一座绿色生态建筑样板案例为主线，带动技术研发与集成，广泛开展国际合作交流的思路也渐渐成型，并以此作为带动新的高科技产业发展与应用。

经过前期的周密论证与超前规划布局，在市科委领导的全过程参与和力推下，于2003年11月正式启动了上海市"十五"重大科技攻关项目"生态建筑关键技术研究与系统集成"。项目由上海市建筑科学研究院总体负责，上海交通大学、上海植物园等11家单位联合协同参与攻关。与此同时，市科委任命时任上海建科院副院长、总工程师汪维先生为项目首席专家，主持整个项目的研究与实践。该项目是我国第一个全面系统研究绿色生态建筑理念、关键技术和系统集成的大型科技攻关项目。项目针对现有建筑能耗高、资源消耗大、室内污染严重等急需解决的关键问题，结合上海自身发展的特点和时代特征，确定适时跟进和突破策略，以求在这一领域迈向世界先进水平。

项目开展过程中，聘请了清华大学江亿院士、其他国内知名专家和建筑设计大师担任技术顾问，并与英国 BRE 和英国科进集团（WSP）、法国建筑科学技术中心（Centre Scientifique et Technique du Bâtiment, CSTB）、丹麦技术大学（Technical University of Denmark, DTU）、澳大利亚联邦科学与工业研究组织（Commonwealth Scientific and Industrial Research Organisation, CSIRO）等国家建筑科学研究和咨询单位开展广泛的国际合作交流，聚集一批国内外产学研领域的技术精英，共有60多家国内外研究机构和企业参与了项目研究、技术开发与工程实施。上海科技工作者历经近10年时间，以追求卓越的精神状态，不断超越自我，践行"以最新的建筑科学成果为上海和全国服务"的使命，结合上海的历史文化、地域特点，借鉴国际先进的绿色生态建筑技术、理念及可持续建筑技术的最新发展精髓,以现代科技为主导,以绿色生态建筑关键技术的研发为突破口,通过周密组织,精心设计,将先进技术集成以及成套适用技术予以示范与推广,希望能起到引领中国未来建筑发展方向的作用。

集成创新
研发绿色生态建筑技术体系

绿色生态建筑关键技术研究与系统集成项目中,市科委系统布局了关键技术与综合示范关联的8个子课题,开展了包括自然通风、超低能耗建筑围护结构、天然采光、太阳能复合能量系统、热湿独立空调、屋顶绿化、绿色建材、室内环境控制、雨污水回用、智能集成监控等关键研发内容,以期形成完整全面的绿色生态建筑集成技术体系。

自然通风,因势利导降能耗

自然通风具有减少空调运行时间、提高室内热舒适性、改善室内空气品质、节省能源等优点。为了更为有效地利用自然通风,科技人员全面分析了上海地区气候特征、外围气流状态对室内自然通风的影响,开展室外气流组织的模拟,进行建筑物风洞试验,首次提出了风压和热压链接强化的自然通风模式。在生态办公示范楼中,利用屋顶斜坡设计了大面积排风道,并在风道内置了管式换热器,利用太阳能热水加热排风道内的空气产生热压,提供自然通风所必需的动力,创造性地实现了利用太阳能强化自然通风技术。

气候自适,围护结构低能耗

科技工作者从建筑的长效低能耗出发,从围护结构的节能潜力着手,结合生态办公示范楼建筑工况、上海气候特征,提出了外墙和屋面的热工节能设计目标值。以新型墙体材料的研发与创新为突破口,开发出了四种不同形式的墙体保温低能耗建筑围护结构。这些适合上海地区气候特性的新型墙体，克服了传统保温墙体易开裂渗水等难题，提高了建筑热稳定性和舒适性，热工性能堪与欧美发达国家建筑节能设计水平媲美，达到了国际先进水平。

外窗是建筑必不可少的组成部分，在生态办公示范楼的窗户设计中，外门窗采用断热铝合金双玻中空玻璃，天窗采用三玻安全玻璃，表层玻璃都具有自清洁功能；南向局部外窗采用充氩气中玻璃和阳光控制膜，提高外窗的保温隔热性能。上海建筑运行能耗主要集中在夏季制冷，采用内外遮阳技术是有效减少热辐射的重要途径。屋顶天窗采用新型遮阳系统，配合光感应系统，能根据阳光的折射角度和强度自动开合。智能化的内外遮阳装置，可根据日照自动调节遮阳系统的运行，使白天室内纯自然采光区域面积达到80%，将多余的照射阻挡在外，营造舒适视觉工作环境的同时，又能降低照明能耗30%。

上海生态办公示范楼斜屋面太阳能集热器和充电板效果图

天人合一，太阳能建筑一体化

针对太阳能利用的技术发展，上海市科委在过往的20多年里布局了一系列科研攻关计划，取得了一批具有世界先进水平的成果。在生态办公示范楼的太阳能利用中，科技人员解决了太阳能真空管集热器、多晶硅太阳能光电板与建筑一体化技术与系统集成应用，可为空气调节、地板采暖、自然通风系统提供热源。自行研制太阳能复合能量系统，实现了太阳能热利用技术的高度集中和四季高效利用。

把太阳能利用纳入建筑的总体设计，一方面融建筑、技术和美学为一体，太阳能设施成为建筑的一部分，相互间有机结合，解决了传统太阳能结构对建筑美学的影响。另一方面，开创了吸附式制冷系统利用太阳能热源作为直接驱动力的制冷机械的先河。该机组具有体积小、性能稳定、操作灵活及无污染等优点，并随着热源温度的提高，系统的制冷功率也随之升高，实现了夏季空调的除湿与降温相分离实现系统高效空调效果，开创了太阳能在空调领域利用的广阔前景。

变废为宝，绿色再生混凝土

随着上海城市建设的快速发展和旧城区的大规模改造，产生了大量的建筑垃圾。在上海生态办公示范楼中，科技工作者将废弃混凝土块经过清洗、破碎、分级，并按一定比例相互配合后得到的再生骨料代替部分天然骨料，以工业废渣掺合料代替部分水泥配置的混凝土。合理的配合比，能使再生骨料混凝土的力学性能和耐久性满足生态示范办公楼需要，形成"绿色混凝土"材料。在上海生办公示范楼绿色工程中，绿色混凝土中再生材料的比例达到50%以上，节约了成本，保护了环境。

处处见绿，自然清静又怡人

建筑被绿色的植物、树荫环绕的迷人景色，是每一个城市居民的梦想。按照生态平衡，植物与居住空间融为一体，是古老的建筑学和年轻的生态学有机结合的产物。项目组专家跨越植物学、植物生理学、园艺学、生态学、环境学等多学科,根据建筑的环境特点、功能以及植物的生长习性、观赏特性和生态功能,综合应用诸多技术,包括温度值、湿度控制、光照控制、通风控制、水质控制、灌溉控制等确定了生态建筑的植物选择标准,并对上海地区绿色生态建筑中适应的138种植物的生态功能进行量化研究,建立了生态建筑植物资源信息库。在此基础上,研究了集成生态建筑绿化配置的成套技术和评估体系,提出绿化改善建筑周围微环境生态效益指标。通过屋顶花园、垂直绿化、室内绿化和室外绿化等多种生态绿化植物群落配置,不仅有效地改善室内气温,实现夏季生态建筑群落降温1～2.50℃,形成生物气候缓冲带,净化空气,降低噪声,营造了舒适的宜人环境,使人感到清静自然。

智能控制,未来生活更美好

生态办公示范楼首次将智能控制引入绿色生态建筑,建立数字化监控平台,实现健康舒适的室内环境控制目标。科技工作者以人体对室内环境的舒适度为标准,根据各项参数对舒适度的影响,对温湿度、空气质量、室内噪声、照明等指标进行综合评价,建立室内环境动态舒适度模型。通过对室内冷暖空调系统、通风及照明系统等的实时控制,改善室内空气质量,确保生态建筑运行的节能、舒适和高效。利用智能建筑对复杂环境变化的自动调控简单有效,进一步提高了空调系统的运行效率和节能效果,开启了融建筑节能与舒适度为一体的智能控制实践。

凝聚人才
构筑绿色生态建筑技术高地

培育绿色生态建筑的技术人才,也是"生态建筑关键技术研究与系统集成"项目的重要任务。在科学技术不断创新和攀登中,一流的国际化研发队伍是不断创新的关键,也是上海服务国家战略,走向世界的重要基础。为此,上海市科委对项目进行一体化管理,实行首席专家制度,集聚起一批中青年学者,让他们压担子、挑大梁,为他们参加国际交流与访问研究创造条件。随着这一重大科技项目的顺利完成,在取得一大批科研成果的同时,一大批绿色生态建筑领域的产学研中青年创新人才也应运而生,为中国绿色生态建筑领域的持续与进步,奠定了重要的人才基础。

硕果累累
凸显产学研结合优势与魅力

60多家产学研单位历经一年有余的通力研发与建设,上海生态示范办公楼于2004年6月落成,并于2004年10月作为"上海生态建筑示范基地"正式揭牌并向社会开放。上海生态办公楼在建设过程中,始终将目光对准国际前沿技术,形成了一批前瞻性的科研成果,取得了一系列具有中国自主知识产权和推广价值的核心技术,创造了多项国内外领先的纪录。并且,申请了22项核心专利和2项软件著作权,发表学术论文120多篇。2005年获建设部授予的首届"全国绿色建筑创新奖"一等奖和"全国十大建设科技成就奖",2006年获上海市科技进步奖一等奖,2008年获首个国家绿色建筑三星级设计评价标识,2009年获首个国家绿色建筑三星级运行评价标识。项目组提出的"节约能源、节省资源、保护环境、以人为本"16字方针,成为中国绿色建筑"四节一环保"定义的基础。

生态建筑办公示范楼得到国内外的广泛关注。时任上海市市长韩正亲临示范楼给予指导,原国家建设部及有关省建设厅的领导莅临上海生态办公示范楼,对取得的成果予以高度评价。与此同时,还得到了国际绿色建筑协会主席、国际可持续建筑协会（SB）主席以及国际建筑及建设研究和创新理事会（CIB）的首肯。同时,科技人员将有关研究成果向世界传递,在欧洲建筑技术研究协会、英国BRE、法国CSTB、CIB等单位进行专题报告,在国际舞台上赢得了中国荣誉。生态办公示范楼作为生态建筑技术产品后续研发的实验平台,纳入2004年国家"十五"科技攻关重点项目"绿色建筑关键技术研究"继续推进研究,为推动我国绿色建筑发展,为上海2010年世博会的绿色建设提供了重要的技术基础与借鉴。

世博展示，"沪上·生态家"

"沪上·生态家"作为唯一代表上海参展2010年上海世博会的实物案例项目,与15座国际知名绿色建筑案例一起,与在提高全球人居生活质量方面具有突出成就的最佳实践案例一起,矗立于上海世博会城市最佳实践区北部,共同构建开放街区,来展示"建筑环境科技创新"所带来的美好城市生活。

科技工作者紧扣城市最佳实践区居住建筑项目要求,针对上海地域特征、经济发展和人文特色,秉承母体"上海生态办公示范楼"的绿色生态建筑理念,呼应世博会"城市,让生活更美好"主题,遵循"天和、地和、人和、乐活"主题,开展理念创新和建筑设计研究,提出"生态建造、乐活人生"的全新生态居住理念。占地面积1 300平方米、建筑面积3 147平方米的"沪上·生态家"既有浓郁的江南建筑韵味,又高度集聚了当代中国可持续建筑技术的智慧与艺术的结晶,在世界博览会的舞台上,展示了中国绿色建筑发展水平与前景。

科学选题
高屋建瓴决策

为了更好地演绎城市主题,上海世博会特别设置了"城市最佳实践区",在世博会150多年的历史上,城市第一次以非官方参展者的身份参展世博会,作为交流、分享、推广的平台,通过全球有代表性的城市实物案例,展示与探讨提高城市生活质量的途径。

作为东道主的上海,在其百年城市发展史中,创造出了独具特色的民居文化。明清住宅,根据江南独特气候精心设计,滨水而居,注重采光通风;近代里弄,中西合璧,以低层高密度的模式,解决了城市人口激增带来的居住问题;当代一系列的住宅改造,响应国家建设节约型社会的号召,缓解了高消耗高污染问题。纵观住宅演进的历史,彻上明造、祛热除湿、耦合空间、相融共生,天井中庭、通风采光,围廊挑檐、遮阳避雨,以土养水、草木葱郁,大量的文化精髓和生态要素值得在今天继续继承和发扬。

近年来,上海在资源匮乏、能源短缺、污染加剧的情况下,面临着可持续发展的严峻考验,迫切需要尽快改变高污染高消耗的发展模式,寻求一条自然和谐的发展之路。"上海生态办公示范楼",作为我国率先开展的生态建筑关键技术自主创新和继承示范的实践成果,是东道主展示在绿色生态建筑领域的发展成果的技术基础,在此基础上发展成形的"沪上·生态家",是上海生态办公示范楼的全面提升与发展的象征。

2010上海世博会"城市,让生活更美好"的主题,体现在建筑领域,可诠释为"生态建筑,让城市生活更美好",而城市最佳实践区的设立,更是为世界各国提供了展示城市人居领域可持续发展建设理念和技术的绝佳平台。为此,在2010年上海世博会,"沪上·生态家"作为东道主上海唯一的参展实物案例,由时任上海市市长韩正提出,时任2010年上海世博会执委

上海世博会"沪上·生态家"实景图

会常务副主任、上海市副市长杨雄负责。在杨雄副市长的直接领导下，上海市科委、上海市建交委、上海世博局等单位组成领导小组，标志着上海世博会城市最佳实践区上海案例"沪上·生态家"项目正式启动。

科技先行
系统集成优化

上海市科委在生态建筑关键技术研究与系统集成项目所取得成果的基础上，继续进行传承与创新，于2006年对绿色生态建筑启动了世博科技专项"智能化生态建筑技术集成研究"课题，项目由上海建筑科学研究院总体负责。按照时任上海市市长韩正指示精神，在项目负责人汪维先生的主持下，科技工作者遵循"天和、地和、人和、乐活"的理念，提出了"关注环保节能、倡导乐活人生"的全新生态居住理念，其内涵超越了以往对于绿色生态建筑的理解，进一步延伸到居住和生活的范畴。此案例在建筑设计和工程建设过程中，制定并实施了"节能减排、资源回用、环境宜居、智能高效"的技术体系，而在内部空间的展示上，则重点诠释未来城市的民居模式，展现全生命周期生态住宅的发展愿景。

"沪上·生态家"强调生态建筑技术的建筑一体化集成应用，突出十大技术亮点：自然通风强化技术、夏热冬冷气候适应性围护结构、天然采光和室内半导体（LED）照明、燃料电池家庭能源中心、PC预制式多动能阳台、BIPV非晶硅薄膜光伏发电系统、固废再生轻质内隔墙、生活垃圾资源化、智能家庭远程医疗、家用机器人服务系统等。

节能减排

基于上海地区气候特征分析，综合考虑隔热、保温、调湿和资源再利用。建筑外墙采用长江淤泥砖作为填充墙，外墙外立面采用隔热涂料或隔热砂浆，保温层采用无机保温砂浆，内立面采用相变材料和脱硫石膏复合系统，在保护环境的同时，使建筑外墙具有随室外气候变化而变化的自适应功能。空调冷热源来自园区集中的江水源热泵区域供冷供热系统，局部展示性地应用燃料电池作为家庭能源中心，以热电联产的方式提高能源利用效率。景观照明和室内外公共区域的照明全部采用LED光源，降低照明能耗。通过上述技术，控制住宅区单位面积年耗电量指标低于35 kWh/m^2，可再生能源利用率超过50%，二氧化碳减排量140吨。

资源回用

"沪上·生态家"根据"城市固废变废为宝"为核心理念，提出了成套的绿色工程材料解决方案，包括利用污泥生产的生态水泥，利用建筑垃圾生产的再生骨料，绿色混凝土系列产品、粉煤灰商品砂浆等。其中，建筑立面乃至楼梯踏面铺砌的砖，都是上海旧城改造时拆掉的石库门砖头；内部大量用砖则是"长江口淤积细沙"生产的淤泥空心砖和利用工程废料"蒸压粉煤灰"制造的砖头，石膏板也同样是用工业废料制作的脱硫石膏。最值得一提的是，绿色混凝土配置技术在本项目中的示范应用，既提高了本项目中混凝土的"绿色度"，又实现了混凝土的高性能化。阳台制作方面，科技工作者提出了"绿色施工、精益施工、集中施工"的施工理念，采用了"工厂预制、整体吊装"的方式，把污染降低到最低。建筑中还采用了中水回用和雨水收集技术，非传统水资源利用率达到20%以上。

环境宜居

"沪上·生态家"以营造高品质室内宜居环境为技术指标，通过中庭拔风和水平风道设计，充分利用自然通风；通过采光中庭、屋顶老虎窗、下沉式庭院灯被动式设计手段，融合传统与现代元素，改造室内采光效果；采用LED景观照明和室内家具照明，在节能的前提下营造独特的艺术效果；采用模块绿化，种植槽垂直绿化、挂壁式中庭绿化和生态水池等策略，营造视

"沪上·生态家"采光中庭

线良好的景观和视觉环境。

智能高效

"沪上·生态家"中应用了大量的智能化技术,展示科技给人类生活带来的智能高效,其中包括住区智能化集成控制平台、智能家具和智能家用机器人。住区智能化集控平台包括设备管理中心、能源管理中心、环境监测中心和信息发布中心,对"沪上·生态家"的设备、能源、环境和信息进行管理和控制,创造舒适、节能和高效的环境。智能家居围绕家庭娱乐、关爱和谐、绿色节能三个主题,让人们领略到科技创新的智能控制技术引领未来家居生活等,通过亮相2010上海世博会,向世人呈现"智能让未来生活更美好"的新模式和新概念。

为了确保"沪上·生态家"在2010年世博会展示期间顺利运行,上海市科委又启动了"沪上·生态家"运行保障关键技术研究课题,紧紧围绕世博会安全、有序、高效、舒适的要求,从竣工调试、日常运行、展品维护、参观者服务、活动宣传等方面开展运行保障关键技术研究,并通过持续后评估进行动态跟踪和整体评价,确保上海案例"沪上·生态家"在世博会开放期间的展示效果,充分诠释并演绎了"生态建造、乐活人生"的主题理念。

精心设计
彰显海派文化

2006年10月26日,上海世博会城市最佳实践区上海展示项目召开第一次会议,研究以"上海生态建筑示范楼"为蓝本,以上海民居建筑为主题,前瞻性地展示未来住宅的方向,成为"沪上·生态家"项目启动的集结号。按照会议精神,专家们各显神通,实地调研生态办公示范楼、各具特色的科技展示场馆等,并对上海传统住宅建筑类型及演变过程深入研究,还前往英国、法国、瑞典、日本等国家考察，了解国际上绿色生态建筑科技最新动向。历经了发散-聚焦、再发散-再聚焦的一系列过程，展示项目的初步构想基本形成。

到了2007年6月，随着项目位置和规模确定，科技工作者根据总体目标，把生态技术融入建筑中，将屋顶花园、降温水池、遮阳系统等技术与外部空间及形体立面融合，强调整体形态与空间的完整性，突出具有上海地域特征的生态住宅。设计专家团队把握上海元素，着重将上海传统民居特质抽象为设计元素融入其中，并作为上海生态示范楼的设计亮点予以延续。关于项目名称，各路专家经反复论证，最后确定由"沪"代替"上海"，"沪上·生态家"由此得名，成为一个响亮的名号，得到了领导与专家的充分肯定。

在2008年3月召开的国际遴选委员会第三次会议上，从城市最佳实践区108个申报案例中，遴选出59个参展案例，以"上海生态建筑示范楼"为母体的"沪上·生态家"方案获得通过，并与"公共廉租屋的创新试验"的西班牙马德里案例和"零能耗生态住宅发展项目"的英国伦敦贝丁顿案例等15座建筑，共同作为提高全球人居生活质量方面的国际知名绿色建筑案例，共同构建开放街区，展示"建筑环境科技创新"所带来的美好城市生活，并作为永久展馆予以保留。

"沪上·生态家"的生态技术应用、项目设计工程，也一直牵动着领导和专家的心。时任上海世博会园区总规划师、同济大学建筑与城市规划学院院长吴志强教授，一直关心着"沪上·生态家"的进展，提出项目设计一定要纲举目张，主题明确，并在技术和形式构思上提了许多建议。2008年4月1日，相关委办领导、上海建筑科学研究院、同济大学、华东建筑设计研究院等有关专家，向杨雄副市长做了汇报。之后，杨雄副市长等市领导多次抽出时间，听取设计方案的进展。2008年6月，历时两年时间，在充分汲取江南名居之传统精髓基础上，以"白墙、灰砖、黄瓦"为主色调，以"山墙、里弄、老虎窗"等为上海住宅要素符号,以"风、光、影、绿"等本土生态手法传承和演绎为重中之重的"沪上·生态家"方案设计终于在市领导和专家的共同评议后获得通过。

"沪上·生态家"既不同于一般的民居建筑,也不同于一般的生态建筑,她是建筑形、意及神的集中体现,是地方文化与生活传统的深度融合。"沪上·生态家"素面示人,平和而静谧,透着临水而居、花鸟虫鱼的水乡情怀,更有"天人合一"的自然观,体现了生态技术与文化价值于一体的思考与实践。

科技手段
凸显展示风采

作为2010年上海世博会的中国住宅案例,"沪上·生态家"向世界展示了正在快速发展的东方大国在人居科技方面的智慧与经验。"沪上·生态家"通过技术与人文两条线索,阐述"城市,让生活更美好"的愿景。一方面,展示案例集成了包括建造、新能源以及智能化在内的系列化生态技术;另一方面,展馆融合了上海的历史文脉,以及其中承载的以"乐活"为主题的上海人居特色。

"沪上·生态家"展示,围绕着过去、现在与未来的时间主题,分为3个展示空间。3个主题环环相扣,烘托出"沪上·生态家"作为生态住宅的价值,以及中国智慧对世界的贡献。世博会展示是暂时的,但科技智慧的影响是深远的。怀着对传播世博科技智慧的期待,通过"沪上·生态家"的交流展示,将促进"绿色生态建造"适用技术的规模化推广应用,使未来的住宅建设减少能源资源消耗和污染物排放,有效保护和改善城市生态环境质量。2010年上海世博会期间,"沪上·生态家"吸引了来自国内外120万游客参观,寄托了民众对未来建筑和美好生活的向往。

传承创新，
谱写绿色生态建筑未来

在市科委的推动和国家科技部的支持下，上海生态办公示范楼作为绿色生态建筑技术产品后续研发的实验平台，又继续纳入2004年国家"十五"科技攻关重点项目"绿色建筑关键技术研究"开展研究，该项目也是我国首次在国家层面系统开展绿色生态建筑研究，由此成为我国绿色生态建筑发展史上的里程碑，引领了我国绿色生态建筑，进入了蓬勃发展阶段。

2005年3月，原国家建设部召开首届国际智能与绿色建筑技术研讨会暨首届国际智能与绿色建筑技术与产品展览会，旨在促进国内外智能与绿色建筑领域的交流与合作，展示国内外最新理论与实践成果。大会发布了《北京宣言》，呼吁发展和运用智能和绿色适宜技术，推动建筑向智能舒适、节能生态、绿色环保的方向发展。2006年，上海市建筑科学研究院与中国建筑科学研究院联合主编了我国第一部《绿色建筑评价标准国家标准》，这标志着我国拥有了适用于中国国情的绿色建筑星级评定标准及等级，绿色生态建筑星级评选由此在中国房地产领域全面铺开。2012年，《关于加快推动我国绿色建筑建设发展的实施意见》和《绿色建筑行动方案》先后发布，这标志着中国绿色生态建筑历经十年的发展，开启了新的篇章，上升为国家行动，成了建筑行业新的风向标。之后，《"十二五"绿色建筑和绿色生态城区发展规划》《国家新型城镇化规划（2014—2020）》指出，城镇绿色建筑占新建筑比重，要从2012年的2%提升到2020年的50%。2016年，国家科技部启动国家"十三五"重点研发计划"绿色建筑及建筑工业化"重点专项，全面部署绿色建筑全产业链的技术创新和工程应用。

从敢为人先的上海市重大科研攻关项目开始，绿色生态建筑从零星示范到规模化发展，走过了十余年不寻常的历程。它不仅带动了建筑领域的全面科技创新，也拉动了上千亿规模的新材料、新产品和新装备产业的发展，更是推动了建筑业绿色低碳转型升级和可持续发展。

上海市绿色生态建筑的推广工作始终走在全国前列。从2008年开始，上海发布的《上海市绿色建筑评价标识实施细则》《上海市绿色建筑评价专家组管理准则》《上海市绿色建筑评价标准》和《上海市绿色建筑发展专项规划》先后实施。2014年，上海市人民政府办公厅发布《上海市绿色建筑发展三年行动计划（2014—2016）》，按照三年行动计划，到2015年，绿色建筑占新建建筑当年比重应达到30%，执行率应达到100%，创建6个绿色建筑示范园区，标志着上海市绿色建筑从科技引领进入规模化应用的快速发展阶段。

《上海市科技创新"十三五"规划》明确提出，在新兴产业培育工程中，围绕绿色建筑技术体系建设，开展绿色建材、室内空气质量、能效提升、智能化等多项关键技术的研究。建立面向工程全生命期的建筑信息模型和装配式建筑技术体系和标准体系。推进历史保护建筑、老旧小区等既有房屋的绿色化改造和有机更新技术研究，实现建筑的绿色宜居和文化传承，保障绿色生态建筑建设的健康发展。

自上海市科委2003年国内首次启动"生态建筑关键技术研究与系统集成"项目以来十多年的时间里，市科委持续发布开展新建建筑、超高层建筑、既有建筑以及绿色生态示范区研究等一系列课题，为上海市绿色生态建筑的建设与发展起到了科技引领和支撑作用，其成果转化为一批批优秀的绿色生态建筑项目。从上海生态办公示范楼到2010年世博会"沪上·生态家"，再到上海中心大厦、崇明陈家镇生态建设等一批沪上重点建设项目，都深深地融入了节能环保、生态宜居和环境友好技术，成为中国绿色生态建筑的标志性成果与典范。

作为走在全国绿色生态建筑研究前沿的上海市建筑科学研究院，在上海市科委的引领下,牵头承担了国家绿色建筑领域的"十一五""十二五"科技支撑项目和"十三五"重点研发计划项目,主编了国家及上海市地方标准及规范,并在生态建筑及绿色建筑研究中屡获奖项。因其在绿色生态建筑研发和推广中的突出贡献,被授予建设部绿色建筑研发中心、住建部绿色建筑工程技术研究中心和国家绿色建筑质量监督检验中心依托单位。

上海是一座具有深厚历史文脉的历史文化名城和国际化大都市,城市风貌和建筑是上海的重要形象,科技先行,历史文脉和记忆有机融合,持续提高了建筑领域绿色发展水平。伴随着我国经济的飞速发展,人们文明程度的不断提高,建筑作为凝固的音乐与生活紧密相伴,其文化价值越来越受到广泛关注,不断创新的绿色生态模式赋予了建筑时代的灵魂。

建筑是城市的组成,是文化的载体,更是自然的延续,未来的建筑必定是绿色生态的低碳建筑。

(**执笔**:同济大学黄菊文;**核改**:费明钰、江世亮等)

精于工，
匠于心

城市最高天际线上海中心大厦

上海中心大厦是一项国际级的"超级工程"，其设计标准超常规，结构工序繁复，功能要求齐全，施工难度史无前例；其建设周期超长，涉及学科众多，是中国第一次自主建造高度超过600米的超高层建筑。

上海中心造型别致，圆角三角形外立面层层收分，连续120°缓缓螺旋上升，形成了独特优美的流线型玻璃晶体，体现了现代中国蓬勃的生机。

作为全球可持续发展设计理念的引领者，上海中心严格参照绿色建筑设计标准，集合采用各种绿色建筑技术，绿化率达到33%，展示出上海这座国际化城市对于维护生态环境的责任和承诺。

上海中心大楼施工过程历时73个月，参建单位超过500家，参建人员前后达上万人。大楼建筑自重85万吨，建筑面积57.8万平方米，建筑层数地上127层、地下5层，可容纳3万多人同时活动。在这一个个令人惊叹的数字背后是无数智慧和科技的结晶，同时也是当代工匠们追求精致，追求完美的精神体现，他们怀揣着一颗滚烫的匠心，打磨出了令世人惊叹的经典之作。

陆家嘴地标性建筑——环球金融中心、金茂大厦和上海中心

启航，
上海之巅

华宇矗东方，手可摘星辰。

这是一个关于上海的梦想，一个20年前便开始的计划，目标是打造上海最醒目的地标性建筑。上海中心632米的高度已超越金茂大厦和环球金融中心。这3座超级摩天大楼在顶部呈现优美的弧线上升，营造出更加和谐的超高层建筑群，并作为上海的新地标，与东方明珠电视塔等其他陆家嘴标志性建筑共同勾勒出优美的城市天际线，展现浦东改革开放的成果和陆家嘴金融贸易区的时代风貌。

作为陆家嘴核心区超高层建筑群的收官之作，其建设规划可追溯到30年前，1984年上海市人民政府就在上报中央政府的《上海经济发展战略汇报提纲》中首次提出开发浦东问题。1986年国务院批复《上海市城市总体规划方案》时正式提出："使浦东成为现代化新区，特别要注意有计划地建设和改造。"1993年8月，《上海陆家嘴中心区规划设计方案》编制工作正式完成，在充分听取上海市人大、政协的意见后，经上海市城市规划管理局上报上海市人民政府，上海市人民政府正式批复《上海陆家嘴中心区规划设计方案》。方案明确了在小陆家嘴核心区将规划建设上海中心、金茂大厦、环球金融中心组成的超高层建筑群，形成上海中心城区的制高点。

经过近20年的开发建设，小陆家嘴作为陆家嘴金融贸易区的核心区，其形态和功能已经发生天翻地覆的变化。尤其在过去的数年间，上海中心大厦以每7天一层到3天一层的速度，悄无声息地向上生长，直入云端。最终，在2016年，这幢高632米的摩天大楼终于揭开面纱，向世人展示出她旋转多变、浪漫优雅的轮廓线。632米也从此重新定义了上海的新地标。

创新铸就卓越之城
上海城市建设与可持续发展成果背后的故事

精于工，匠于心 / 城市最高天际线上海中心大厦

上海之巅建筑群

虽然上海中心的高度不是世界第一，但选择632米是具有其内在原因的。上海中心大厦项目经理同济大学建筑设计研究院的陈继良告诉我们，这个高度的选择主要是为了与周边环境融合，主要是考虑到与420.5米的金茂大厦和492米上海环球金融中心的高度差：环球金融中心比金茂大厦高71.5米，上海中心比环球金融中心高140米，从高度差而言，后者是前者的两倍，这在设计视觉上，形成了最美的顶部上升弧线。同时，上海中心也考虑到了与东方明珠、外滩建筑群、人民广场等重要建筑的城市空间关系，以达到遥相呼应的效果。

科研先行，攻克技术难关

上海中心大厦的"靓点"不仅是高度和建筑面积，按照计划，这栋摩天大楼将被打造成为环保节能的绿色建筑、可持续发展的大楼，要达到"垂直社区、绿色社区、智慧社区、文化社区"的目标。因此，上海中心要重新定义超高层建筑的内涵。

而建筑业内的专家普遍认为，超高层建筑要成为绿色建筑，难度非常大。"因为很多百米以下建筑中常见的问题在高层建筑中都可能成为难以逾越的障碍，比如给水和排水。"同济大学建筑设计研究院负责上海中心给排水设计的杨民高级工程师告诉我们，这些都是十分重要的问题。"600多米的高度，水如何送上去？遇上台风天气，如何排水？试想，如果一根管子从楼顶贯通下来，水压、水速都非常大，会给建筑带来无法估计的困难。"

上海中心大厦建设过程中面对的难题远不止给排水这一项。大楼面积

建设中的上海中心

相当于2座金茂大厦或1.5座环球金融中心，自重达85万吨，地基每平方米要承受1.9吨的自重。而大楼所在的陆家嘴地区本就是个滩，往地下钻几百米都难见到岩石层，很多外国建筑师都说在那里"修高楼、修地铁，几乎不可能"。经常受台风侵袭的上海，大风天气里如何保证上海中心大厦的"从容淡定"？如此高耸的大楼，消防问题如何解决？大楼的"衣衫"是成千上万块玻璃拼起来的，楼体在大风中摇摆时如何避免玻璃被挤碎？"可以说难题多如麻。"负责上海中心建设的项目经理陈继良告诉我们，美国晋思建筑事务所作为大楼的建筑设计单位，提供的设计方案在工程实际中存在很多需要进一步克服的难题，在做施工图设计的时候，进行了非常详细的细化，很多地方针对工程建设实际都做了改动。工程师们认为，上海中心大厦的建筑工作重点和难点不在建筑设计，而在细化设计，就是俗话所说的"搞脑子"。

因此，如何用科学的规划及技术来把上海中心这个"搞脑子"的庞然巨物建设好，仅靠热情和斗志是不行的。在上海市委、市政府的高度重视下，通过联合市科委、建交委等有关部门，组织开展相关课题的研究论证，用严谨的实验和计算来为大楼建设保驾护航。

2009年3月，市科委批准了丁洁民牵头的"500米以上超高层建筑设计关键技术研究"课题，按照室内空间环境、地下空间的规划与整合、风荷载、复杂建筑外形的优化设计等数十个课题，邀请了相关学科的数十位著名学者，组成强大的科研团队，开展关键节点、组合钢板剪力墙约束支撑、结构防火防恐、大楼沉降变形、超大圆形基坑关键技术、特殊形态幕墙、超大超高形建筑智能化系统的数字化、钢结构BIM设计与制作安装等科研攻关，相关子课题数量达到58项。

从上海中心俯瞰浦西外滩周边

60 000立方米"定海神座",
一次浇筑

支撑上海中心这根擎天柱的是一个直径121米、厚度6米的大底板,它的面积11 493平方米,相当于1.6个标准足球场大小;厚度6米,相当于2层楼房高;体积60 000立方米,是金茂大厦基础大底板的3.7倍、环球金融中心基础大底板的2.1倍。在它的下方还有955根桩基,每根长度达87米。"这些桩基就好比在豆腐上插入许多筷子,有了它,大楼才能端端正正地'浮'在地平线上。"陈继良告诉我们。大底板的混凝土浇筑是一次成型的,场面非常壮观——8台个头巨大的布料机轰鸣着,8台大卡车喂料,后面还有8台卡车在等待,"前面的车倒干净,后面的立刻跟上接着倒,昼夜不停,2016年3月26日晚至3月29日凌晨浇筑大底板,一次性浇捣方量约61 000立方米,持续时间达60小时。"一直在现场参与协调工作的陈继良介绍,从高处往下看,400余辆重型卡车在繁忙的陆家嘴地区排成长龙,一刻不停地来回穿梭,高高地看下去,车像玩具人如豆,一色地穿梭忙碌。浇筑完成的那一刻,已是凌晨3点了,没有欢呼,没有鞭炮,只有震耳的轰鸣瞬间寂静下来。陈继良说:"浇筑工序其实是一般建筑施工中最基础,也是相对简单的一个步骤。但是像上海中心这样体量的浇筑还是前所未有的。这其中涉及的注浆技术实用计算方法、基础筏板内力计算及施工全过程分析、大体积混凝土施工过程中水化热的控制、深基坑开挖回弹及再压缩、深基坑施工数字化安全监控等项研究为上海中心大厦底板浇注提供了可靠的保障。因此,没有科技的先行,根本无法做到。"

上海中心的底座浇筑现场

上海中心建设中的塔冠骨架

上海中心的封顶过程

强筋骨，
让"擎天柱"站起来

针对上海中心大厦外观设计，晋思建筑事务所提供的"龙形"方案像一条盘旋上升的龙，龙的顶部上翘，如同一支祥云火炬。大厦横截面类似一个圆角的三角形，以顺时针方向往上旋转，一直延伸到顶端，而顶端是开放式的顶棚。作为概念方案，上海中心大厦在全球范围内确实独一无二。但是它通体晶莹剔透的外观、呈120度扭转上升的造型、核心筒与外表的连接等，都给工程实际带来了巨大的难题。塔冠的骨架如何"长"在核心筒上，还有核心筒底层直径80米、顶层30米，如何让自身逐渐缩小，这些问题，都是概念设计阶段无法预料的。

常规建筑，我国都有规范，按照规范就能把水泥、钢筋、玻璃等一一用妥帖，所以建筑设计方案出来之后，一句话"按相应规范操作"就好了。可是上海中心没有现成规范可以套用。就说钢筋，普通建筑钢筋直径两厘米就很粗壮了，但上海中心的钢筋直径是40厘米。一个普通工人平时可以扛三五根钢筋，可是直径40厘米的钢筋一根都扛不动。还有钢板，普通的两三厘米就够厚的了，可是这里的厚度是10厘米；还有巨柱，上海中心有8根，从地面直通545米的高空，每根柱子的截面积就有20多平方米，比一般的客厅还大。"课堂所学的知识和平常的经验，在这里都变得苍白无力了，这里的尺寸和问题用常规的方法无法解决，全是非常规的。"陈继良说，"所以通过向上海市科委申请了专项课题，集中智力，攻坚克难。这栋楼是几何非规则的形态，形态下大上小，巨柱往上肯定要减量，但具体尺寸多少合适？没有强大的科研团队支撑，这些都是无法完成的任务。还有结构层里插满、放满了各种各样的钢构件和设备，它们的协调与和谐，没有智慧和勇气也是不可能解决的。"

三座"擎天柱"

穿衣裳，
上海中心华丽变身

从外面看，尤其是在晚上，大楼核心筒与表层之间的灯光会把建筑蝉翼般的轻盈诠释得淋漓尽致，塔冠则是巨型显示屏，再加上数百米的"龙沟"——"V"形槽的奇幻灯光秀，上海中心大厦一定会夺人眼球。可是，要用桁架和圈梁把刚劲的核心筒与相对柔性的"衣裳"连到一起，且保证安全地使用，里面有多少问题需要解决？"想想看，万一'衣服'穿得不合适，上海中心掉下一块玻璃来，会造成什么后果？"陈继良介绍，最开始以为解决主体，做好核心筒，把圈梁挂上去就好了。"可是，圈梁呈不规则的三角形，还开了一个'V'形槽，围着中心一圈绕过来是300米，'拎'着圈梁的钢悬臂长的十几米、短的三四米；整个圈梁叠起的高度是60米，糖葫芦一样一层层、一圈圈垂下来；由于悬臂长短不一，其受力情况根本无法一致，会拉扯着外面的'衣裳'，像锯齿一样，参差不齐。"这样的'衣裳'如何穿？因此，专门设置了5个幕墙子课题，其中包括玻璃幕墙的支撑体系和安全，超高层建筑自身变形与幕墙系统的协同设计，特殊形态幕墙舒适度，超高层建筑维护清洗体系等。"不仅考虑眼前，还要谋划未来。"陈继良介绍说，"随着研究的深入，设计方案一再优化，最后确定每层25个点，伸出的桁架挑起圈梁，犹如人伸直手臂提水，让其步伐一致地提起2 500吨的幕墙。"还有，幕墙的玻璃贴在外面，每一块都是要跟着大楼的晃动摇来摇去，最大摇幅达到0.8米，接近一块玻璃的宽度了，想要不被挤碎，必然要为这些玻璃装上自由活动的"关节"。美方为了保险起见，设计采用军工产品，整个幕墙造价逾10亿，最后设计团队将这些"关节"成功国产化，节约资金2亿多元。随着工程实施，美方不再提"不能改设计"了，主结构设计可以改了，幕墙设计也改了，很重要的原因就是，我们成功地让大楼穿上了原始方案中根本无法穿上的"衣裳"，极刚的核心筒和极柔的玻璃幕墙现在和谐联动起来了。

1 000吨阻尼器，
稳如泰山

为了减少大楼的摇晃感，上海中心安装了自重约1 000吨的阻尼以提高大楼使用者的舒适度。

超高层建筑的高层区域，瞬时风速可能比地面大两倍左右。在大风情况下，建筑物会产生晃动，使人有眩晕感。为此，许多超高层建筑装有减震耗能阻尼器，以控制风致振动。

上海中心也不例外，不过它的抗风装置十分特别，是世界首创的电涡流摆式调谐质量阻尼器。因为在12级以上强风的作用下，上海中心顶层最大摆距会超过1.0米。阻尼器的作用在于质量块的惯性会产生一个反作用力，促使阻尼器在建筑摇晃时反向摆动。技术上设定阻尼器振型与大楼的主要振型相位相反，振幅相近，可形成反相位共振，以此降低大楼摇摆的幅度和加速度，提高大楼特别是高区人员的舒适度，改善高速电梯运行的外部条件，从而提升建筑品质。这种运用电磁原理消能减振的技术曾用于磁悬浮工程等领域，并取得了良好的减振效果。

目前，世界上大多数超高层大楼使用的是传统的黏滞型摆式调谐质量阻尼器，如美国纽约特朗普大厦、芝加哥汉考克大楼、我国台湾地区台北101大楼等，都采用被动式阻尼器，都是运用机械原理，即悬挂一个重物，在大楼受到风力或地震引起晃动时，重物因惯性作用随之开始往大楼晃动的反方向摆动。黏滞阻尼系统能吸收并耗散重物摆动所产生的能量。

而上海中心将电涡流阻尼用于超高层建筑风阻尼器，这在国际上还是第一次。这种阻尼器，由吊索和调谐框架、质量块、阻尼系统、主体结构保护系统等4部分组成。与传统的机械阻尼器相比，电涡流阻尼装置能够较均匀地耗散产生出来的热量，不仅安装、调节和后期维护更方便，使用寿命更长，

主体结构　　　外幕墙支撑　　　外幕墙

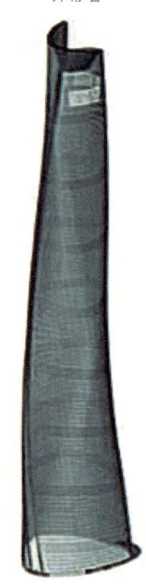

上海中心塔冠顶部阻尼器

上海中心塔冠顶部细节

而且几乎无摩擦、无振动、无噪声。在常遇大风条件下,它能达到目前世界最高的舒适度标准——H-10,即楼中最多只有10%的人有摇晃感。

108分钟,全员疏散

上海中心有13部穿梭电梯可用于消防疏散,具有防火、防烟、防水等功能,它们作为紧急情况下的辅助疏散工具,可以将设计疏散时间从138分钟缩短到108分钟。

上海中心的垂直电梯多达114部,在日常,这些电梯可以有条不紊地运转。但当发生火灾等紧急情况时,大部分电梯将暂停使用,这时候,辅助人员安全疏散的重任就落到了13部特殊的穿梭电梯上。

这些电梯在设计上具有单独供电、井道增压和防水处理等措施,具有防火、防烟、防水等功能,可以作为紧急情况下的辅助疏散工具。

由于上海中心总的建筑体量巨大,紧急情况下如果仅仅通过消防电梯,建筑物内的人员需要2小时18分钟才能疏散完毕,而且快速疏散不利于老人和行动不便者,更会导致疏散人员精疲力竭。因此,工程师综合上海中心的自身特点和需求,在满足现行国际安全设计标准的同时,突破创新,根据不同区域,形成了上海中心特有的疏散方案。

在酒店、观光区域,采用的是"部分疏散"+"分阶段疏散"方案;在办公区域,采用的是"分阶段疏散"方案。"部分疏散"方案是指:在酒店、观光区域,使用高区疏散电梯将较为集中的人员直接疏散至底层。"分阶段疏散"方案:在7层、21层、36层、51层、67层、83层、100层、116层,都设有避难空间,发生紧急情况时,所有人员可以通过防火防烟的消防楼梯进入就近的避难层。并且,每个避难层皆使用独立增压设备,防止烟雾入侵。也就是说,当办公区域的人们遇到紧急情况时,应在第一时间进入避难层。

那如何撤离集中在避难层的人们呢?这就要借助前面提到的13部穿梭电梯。它们通常情况下为穿梭在不同区块的客梯,火灾时自动报警系统联动使穿梭电梯迫降于建筑底部的安全楼层,然后由经过专门培训的消防安全员(电梯操作人员)根据特有的疏散方案,将其驶往需要救助的避难层实施人员疏散,从而可以将整楼疏散时间缩短至108分钟。

245 994立方米中水,智能节排

上海中心水系统对非传统水源的利用率达到25.33%,用量为245 994立方米/年,达到了利用非传统水源节约水资源的目的。

上海中心的排水系统面临着两个挑战:一是水从高处往下冲击的过程中,巨大的势能将转化为动能;二是排水量巨大。

排水方案首要解决的是"消能"。通过借鉴其他超高层建筑的经验以及现有的相关水力实验数据,上海中心制订了与其匹配的安全措施。首先是采用了耐压力较强的铸铁管道;其次,合理规划排水区域,根据各楼层区域的用水量计算,将排水管道的最大管径尺寸设定为200毫米。最后,通过一些管道的横向转弯,消减一定的动能,同时保证流量周转。

上海中心的排水工程还面临着雨水量庞大的问题。为此,设计师在自然和人工之间,另外创造了一个特殊的水循环系统。在大厦的66层有一个雨水调蓄池,在B5层还有一个雨水箱,塔楼屋顶与裙楼屋面及塔楼侧墙的雨水会分别流入前者与后者。这些雨水经过滤工艺净化处理后,汇入同层中水箱。

在这两个楼层设置中水处理系统,也有出于"消能"的考虑——管路在

66层被截流，可将总体势能减少一半。66层搜集的废水和雨水经过处理后利用重力系统直接流入下面的办公区，减少了能耗，可谓一举两得。

排水有污水和废水之分，常规建筑采用"污废合流"。但上海中心多用一套管网，实现"废污分流"。除去粪便污水和餐饮含油废水以外的生活废水、其他污水经处理后回用，从而减少了大楼对市政自来水的依赖。

上海中心水系统对非传统水源的利用率达到25.33%，每年用量为245 994立方米，节水率在52.9%以上，达到了利用非传统水源节约水资源的目的。

127根地源热泵，
冷热完美交换

近些年来，地源热泵系统在北美和中北欧国家取得了较快发展。它利用水与地能的冷热交换来作为水源热泵的冷热源。冬季时期，把地能中的热量"取"出来，升高温度后供给室内采暖，此时地能为"热源"；夏季时期，把室内热量"取"出来，释放到地下水、土壤或地表水中，此时地能为"冷源"。因其每消耗1千瓦时的能量，可以得到4千瓦时以上的热量或冷量，所以节能效果非常显著。

上海中心在使用地源热泵上作出了有益的探索，有效降低了碳排放。在很多使用这项技术的小型建筑项目中，通常在室外的绿地中埋入管道，依靠水或者空气的流动完成冷热能量的交换。但在上海中心周边，并没有足够的空地。于是，上海中心在位于地下33米的底板下，借用127根深34米、间距为4米的钻孔灌注桩进行埋管，将传统的"地埋管"变为"桩埋管"。它们产生的最大制冷量为191千瓦，最大制热量为302千瓦。

上海中心内景

同时，为了保证浅层地热资源的可持续利用，上海中心还通过15根温度测试桩上的60多组测温探头，实时检测地源热泵土壤换热器的运行情况，调节制冷及制热之间的平衡，避免地温偏高或偏低。

地源热泵的热源温度全年较为稳定，一般处于10～25度，和常规的空调系统相比，上海中心的地源热泵系统可节省一定的能源，年节约用电量5万千瓦时，年度减少的二氧化碳排放量约1 360吨。

BIM技术，
数字化还原上海中心

上海中心建设至现在，还没有发生一个构件、一块玻璃返工的事情，而这正是得力于BIM技术的全面运用。

BIM全称建筑信息模型（Building Information Modeling），是以建筑工程项目的各项相关信息数据作为基础，在电脑中构建建筑模型，通过数字信息仿真模拟建筑物所具有的真实信息，它具有可视化、协调性、模拟性、优化性和可出图性五大特点。

但当初采用这项技术，各方的争议较大，以同济为主的设计方力主其应用，理由是：如此巨量、复杂的异型建筑，往往改动一根桁架牵动的就是全身的筋骨，修改一块玻璃的形状，成千上万块玻璃就跟着改变形状，BIM的多方联动、可视、可模拟等特性正可为这样的工程开路架桥。"有一次会议我们改动的钢结构方案，一次就节约了一万多吨钢，没有BIM，这些都是难以实现的。"陈继良介绍。上海中心的受力钢圈梁根都生在结构层，由伸臂桁架撑起来，就如同女性穿的大伞裙，结构层上的圈梁如同伞裙的"腰"，它提着的15层楼的玻璃重约2 500吨左右。关键是这栋楼外面的伞裙是渐上渐缩拢的,并且几乎每层一度旋转着往上。这样一来,可以说外面的"衣服"没有任何一块玻璃是一模一样的。"没有BIM,这是不可想象的。"负责大楼外层设计优化的高一鹏介绍。他一边说一边操作着电脑中的BIM模型,随着鼠标的游动,我们一会儿就到了121层,就是建成后的观光层。"这是世界上最高的露天观光层了,既可以仰望星空,也可以俯视万家灯火、璀璨都市。"一会儿我们又来到塔冠那条窄窄的、蜿蜒盘旋愈旋愈上的坡道上。"这里吊着的就是擦窗机,可以顺着坡爬来爬去,整个塔冠部分它都能打扫得到。"没想到,电脑中还可以这样在建筑里外自由进出、俯仰盘旋着看图。"这都是BIM给我们带来的体验。"高一鹏说,"大楼里,给排水、天然气、各种缆线太多了,往往被集中放置在狭小的空间里,在建设中挪动位置、重新置放也是经常发生的,有了BIM系统,这种牵一发而动全身的设计就方便多了。"

35秒不到,电梯如约而至

上海中心的办公面积达20万平方米,测算每天人流量会达到2万~3万人次。尤其在上下班高峰时段,这2万~3万人会集中在1~2个小时内乘坐电梯。作为上海中心的垂直运输命脉,电梯系统如何对大厦日常的人流进行有效的疏导,避免高峰时期的交通堵塞?

一般的高层建筑在设置电梯的运行方案时,通常将其简单分为高、中、低区。上海中心的超大容量决定了简单的垂直运输肯定会引起"交通堵塞"。陈继良介绍说,上海中心采用了新颖的电梯中转层方案。上楼时,人们先在底层乘坐快速区域电梯直达相近楼层的空中大堂,然后再换乘区间电梯到达目的地楼层。下楼时，人们通过区间电梯到达所在区域的空中大堂，然后换乘快速区域电梯直达地面。

这种快速区域电梯和区间电梯结合的方式，类似于乘坐直达高铁在城际间穿越，然后转乘地铁。上海中心正是通过这种快车慢车相结合的分流方案，大幅提高了垂直运输效率和空间利用率，为乘客提供了方便快捷的乘梯感受。

"速度依旧是不能忽略的运输要素。"陈继良说。除了3台最高速的观光电梯外，上海中心内还安装了40台运行速度超过5米/秒的高速电梯，其中8台10米/秒的双轿厢电梯也打破了世界双轿电梯速度的纪录。

正是电梯分布和速度的不断完善，才让上海中心的垂直交通得以高效运行。相比同类建筑平均电梯50秒的水平，在上海中心，人们等待电梯的平均时间被控制在了35秒以内，大幅缩减了等待时间。电梯系统在5分钟内就可以将12%～15%的人员送至目的楼层。

（执笔：同济大学朱昊辰等）

提前布局、技术集成，成就绿色会展航母

记科技创新支撑国家会展中心（上海）建设

如果把中国科技的高速发展比喻成一股汹涌澎湃的浪潮，那么国家会展中心（上海）（以下简称国家会展中心）就是一艘疾驶在这片浪潮上的"超级航母"。基于已有会展场馆资源越来越不能满足上海建设国际贸易中心的需要，国家会展中心以功能齐全、设施完善的超大体量会展综合体展现于世人的面前。项目占地面积85.6公顷，总建筑面积147万平方米，其中地上建筑面积127万平方米，室内展览面积40万平方米、室外展场面积10万平方米，是目前世界上面积最大的建筑单体和会展综合体。项目于2011年12月26日开工建设，2014年底竣工，并成功举办了"2015上海车展""中国医药展""国际家具展"等展览面积超过30万平方米的大型展览会。国家会展中心顺应世界会展业发展和转移趋势，立足长三角，服务全国，面向世界，积极促进上海和中国会展业的发展，以国家会展项目的一流硬件为重要依托，以服务为本、专业高效、规范有序的职业精神，为完善我国新时期商务事业发展战略布局、促进上海"四个中心"建设贡献力量。

"绿色生态、安全健康、数字智慧"是国家会展中心场馆建设与运营的目标，而在建设过程中施工方遇到了工期紧、任务重、难度高、责任重大的超常规困难，国内外又没有成功的经验可以借鉴，因此科技创新在其中给予了极大的动力。在市科委的大力支持下，集全市相关研究机构、高校智慧，在场馆规划设计、施工建设、安全保障、智慧运行等方面突破了一系列的技术难题，并集中应用了大批世博科技成果，保障了国家会展中心的按期完工。此文将解读科技创新在国家会展中心工程建设中的支撑作用，并带领读者了解前沿科技所引发的风潮。

国家会展中心效果图

国家会展中心2号馆夜景图

国家会展中心室内结构效果图

凡事预则立，
不预则废

上海博览会有限责任公司教授级高工李庆来介绍，国家会展中心在建设中遇到了工期紧、任务重、难度高、责任重大的超常规困难。为了确保2015年"上海车展"能顺利移师国家会展中心，从2012年7月开始施工，需要在2年左右的时间内完成亚洲最大会展综合体建设，这正是"工程紧"的难点。"任务重"则是体现在国家会展中心超级体量建设上。总建筑面积147万平方米的"超级航母"建设，在国内外都没有成功经验可以借鉴。"难度高"则由诸多建筑工程上技术难点构成，此外由于需要在地铁不停运情况下施工，存在相当的难度。"责任重大"则是在施工时需要一边面对各方面的压力，一边防止出现重大安全事故。据悉，当时由于上海静安"11·15"特大火灾事故，国家对于施工安全问题格外重视，而面对社会和政府的监督，如何要在如此短的时间内，完成超级体量、难关重重的国家会展中心建设，实在是一道大难题。

"凡事预则立，不预则废"，早在该项目设计、施工之前，市科委就布局了一系列高新技术、新材料的立项、研发、应用，为国家会展中心的顺利实施提供了有力的保障。工程实施中，科技管理部门通过对施工技术路线、各种资源、安全、质量、外部环境等管理工作做出的战略性安排，预见了可能出现的困难，规避了重大风险，杜绝了项目管理出现重大失误。

面对全亚洲最大的综合体建筑，科技管理决策部门对整个建设流程进行了前期精细策划，方案将宏观路线策划与具体方案策划相结合，外部环境策划与内部管理策划相结合，并逐一梳理了建设过程中将遇到的难点和矛盾，根据梳理结果进行了以"保安全、保质量、保进度"三保为目标的技术方案策划、工程实施策划、劳动力需求策划和绿色施工策划。策划内容包括：

制定了展馆道路基层、地坪基层先行施工提供运输和重型排架搭设条件；钢结构场外分段拼装，场内整体拼装，重型履带吊上楼板吊装的拼接吊装方案；土建结构与安装装饰采用分段交接、重复相互交接的交叉施工流程；中心圆楼先行施工尽早为地铁改造穿插提供条件的外部协调流程，提前落实劳动力进场计划等措施。正是有了前期的精细策划，确保了工程高效顺利进行，创造了2年内完成亚洲最大会展综合体建设的奇迹，确保了2015年"上海车展"移师国家会展中心。

科技催生十大成就

中国博览会项目是我国会展业战略布局和上海"十二五"规划的重点项目，其会展综合体是世界上最大的展览馆设施。按照传统方式设计展馆，建成后展馆运行能耗会很高。抓住这一重大工程的建设契机，对先进适用性技术进行综合集成应用，不仅有利于展览场馆的低碳绿色建设和运营，也将成为科技成果的最佳展示平台，具有强大的示范效应和社会效应。

因此，当国家会展中心建设面对巨大的挑战和压力时，上海市科委采取主动、提前介入的方针，以技术集成示范打造绿色会展航母。在中国博览会的主体设计已完成的情况下，市科委积极对接开发商，主动介入为工程建设提供技术支持，推进超级电容电梯、半导体照明、分布式供能等低碳适用技术在国博会综合体建设中的应用示范，有望使这一世界最大的展览馆成为一座"绿色会展航母"。项目投入使用之后预期年节电2 200万千瓦时，相当于上海2.6万户居民一年的用电总量。如200部超级电容电梯的投入使用，不仅每年可节电100万千瓦时，而且可在停电状态下照常运行，大大提高会展突发事件的应急处置能力。国博综合体的低碳建筑实践将为上海的绿色会展业提供有益的参考和借鉴。而在科技的支撑下，国家会展中心诞生了十大创新成果，让我们来一一细数：

分布式三联供为"能耗大户"提供清洁能源

中国电力70%以上靠火力发电，其中燃煤发电占一半以上，一般能效只有40%；而天然气发电不仅能效可达80%以上，还能减少燃煤发电带来的环境污染问题（天然气的含硫量和灰分量几乎等于零，属于清洁能源），但所占比例较低。大型会展场馆在能源选择上应优先选用天然气，这不仅是三星级绿色建筑的分指标要求，也是公共建筑应当承担社会责任的要求。此外，由于国家会展中心是集会展、商业、办公等于一体的大型综合体，也是一个超大、超高、超宽的特大型建筑。如果按传统的方法供能，必将成为能耗大户，并被世人诟病。于是，在项目建设前期，开发者就思考如何将国家会展中心建设成绿色环保建筑，从而增加它的美誉度。经过认真比对和筛选，在众多节能环保技术中，分布式能源是一个理想的突破口。对此，李庆来谈道："这个方案提出后，得到的却是一片反对声，其中包括设计院在内的专业技术人员。反对的理由一是技术不成熟，二是经济不划算。在此情况下，我要求一方面做可行性研究，另一方面做不可行研究，以期获得更加科学、客观的结论。"

据了解，天然气发电的冷热电"三联供"系统，具有安全可靠和经济适用的特点。"三联供"省却了主体建筑内安置锅炉和冷却塔（锅炉需设置泄爆口），降低了潜在的安全和健康风险，运营上还能减少设备维保及相关物业人员费用。然而，三联供一般适合于宾馆、医院等有稳定和持续用能需求的场所，会展场馆具有间歇用能的特点，例如展览搭建与展会举办期间的用能需求差异巨大，因此存在很大的技术经济风险。

经过项目小组的反复调研，最终得到的结论是，技术上没问题。其技术优势主要体现在以下3点。① 节能显著：一般发电能效转换比只有40%，而采用三联供的方式供能,能效转换比可达80%以上。② 减少污染:三联供使用天然气为燃料发电,天然气的含硫量和灰分量几乎等于零,大大减少了煤发电产生的污染。③ 技术成熟:国内在大学城、医院等也已经有应用的先例,西方发达国家的一些著名会展场馆也已经得到应用。

然而即使技术上没问题,项目团队还不得不思考项目开发经费是否能够承受。三联供的投资确实较大,有没有可能采取新的模式,在不增加投资的情况下完成三联供的目标呢?为此,项目团队向社会公开征集解决方案。经过比选,华电福新能源股份有限公司的方案符合甚至超过预期。

华电福新能源股份有限公司的三联供方案主要有以下4个特点。第一,三联供设备由华电福新投资建设,国展中心冷热源完全外包。这样可以节省与供冷供热有关的3.5亿元投资。第二,原用于放置冷热源设备的1万平方米左右的建筑面积可以释放出来,移作他用,这实际上是增加了产出。第三,使用三联供后,省却了主体建筑内冷却塔和锅炉(锅炉需设置泄爆口),不仅降低了建造成本,而且大大降低了潜在的安全风险。第四,省却了冷热源设备和日常运营维护的工作,省却了上百名相关人员,从而大大降低了今后的日常运维成本。简而言之,采用三联供技术,其经济性是显而易见的。由于证据充分,国家会展中心董事会最终决定采用三联供的方式供能。在三联供项目实施过程中,也遇到了种种磨难和挫折,几次差点触礁,在项目团队不断努力下,最终化险为夷。

目前,世界上只有少数几个发达国家的场馆使用了这项技术,如德国慕尼黑国际展览中心、德国马格德堡会展中心、日本幕张国际会展中心等,而国内没有成熟的经验和成功的案例。针对国家会展中心拥有展览、会议、商业、办公、酒店、活动等六大业态用能需求不同的特点,供冷系统采用天然气冷热电联供系统余热制冷+水蓄冷+直燃型溴机制冷+调峰电制冷的复合能源模式,供热系统则采用天然气冷热电联供系统余热制热+调峰直燃型

第十七届上海国际汽车工业展览会在国家会展中心举办

溴机制热+生活热水锅炉的组合模式，不仅解决了这一难题，还提高了能源利用效率。国家会展中心共采用了6台燃气机组，总装机容量达26.4兆瓦，2只1.5万立方米钢制蓄冷水罐作为水蓄冷系统，预计年节约标准煤约1.6万吨，年减少二氧化碳排放量约4万吨。

国家会展中心采用了分布式能源中心（三联供）集约化供能方式，成为国内首个全部使用三联供集中供能的场馆，也是国内首个采用"分布式合同能源管理"方式建设和运营的场馆。如今，三联供经过一年多的运转，证明其技术是稳定可靠的，完全达到了项目前期设定的各项目标，为国家会展中心提供了强有力的能源保障，确保了展览及办公的正常运行。截止到2015年11月底，国家会展中心使用的三联供的冷/热量已超过6万吉焦，其社会效益和经济效益都是十分显著。目前，三联供已成为国家会展中心的最大创新亮点之一。

世界最高大场馆实现室内室外LED照明的"全覆盖"

半导体照明应用在大型高大展厅中也是未来的发展方向，在满足展览展示功能的前提下，LED照明具有节能环保、降低运营成本的优点，但LED照明在国内外大型会展场馆中的应用还刚刚开始，缺少成功的经验和案例，存在很大技术风险。首先，国家会展中心项目16个高大展厅净高均比较高（34米高展厅3个、16米高展厅5个、11米高展厅8个），尤其是34米高的展厅（面积达10万平方米），目前世界上还没有类似案例，必须解决高大展厅的照度（300勒克司）、色温和眩光等技术难题。其次，采用新型节能模式的LED照明方案，LED灯具选型必须确保可靠性和安全性。最后，必须采用智能控制系统，才能真正达到能效指标。

为此，通过对中国博览会会展综合体室内展厅照明区域照明设计和数据进行分析和研究，并依据GB50034—2004《建筑照明设计标准》和JGJ218—2010《展览建筑设计规范》，论证了由LED灯具替换金卤灯实现展厅照明的方案是可行的。其次,要设法满足在大型高大展厅采用半导体LED技术方案要具备必要性、挑战性、创新性和示范性的要求。

通过组织相关单位进行技术攻关,成功解决上述技术难题,论证了由LED灯具替换金卤灯实现展厅照明方案是可行的。因此,场馆全部采用了LED照明,这不仅在国内尚属首次,也是世界第一个全部使用LED照明的场馆。根据测算,与传统光源相比,LED照明节能率能达到45%以上,仅高大展厅一项,年节约用电约646万度,年节约标准煤约2 580吨,年减少二氧化碳排放量约6 430吨,年减少二氧化硫排放量约194吨。与此同时,李庆来表示,他还主持了与相关单位进行谈判,达成采用合同能源管理的协议,大大减少了在照明方面的投资,而这在国内会展场馆照明管理中亦属首次。

该技术是将智能控制芯片与LED灯具结合在一起的创新产品,在停电状态下能靠自带的电源自亮,有效避免火灾情况下应急电源电路断路而不能提供应急照明功能的情况。这一全新的"安全照明"新概念,打破了传统照明与应急照明的界限,实现了以单一供电系统满足全功能照明的需求。"LED智能安全照明"在国家会展中心的成功应用,对商业、公共通道等人流量大的公共区域应用推广,提高城市的安全应急能力都提供了重要的参考。

世界上最大规模的超级电容电梯集中示范区

我国已成为世界上最大的电梯生产国和出口国,现在中国电梯的使用量和新增量均为世界第一,2011年中国的在用电梯数量超过了200万台,而且其数量还在不断的高速增长。我国目前电梯的每年总能耗要超过500亿千瓦时,为促进电梯节能技术发展,国家有关部门即将出台电梯能耗标志的相关规定。

超级电容电梯利用超级电容器的快速充电特性、长循环寿命、高比功率、高能量转化效率等特点,将超级电容器组作为储能电源,电梯在重负载向下、轻负载向上及减速时,曳引电机所产生的电能,通过双向DC/DC储存于超级电容器组中,在下一工作循环优先使用,从而达到节能的目的。同时还将超级电容器组用作后备电源,在发生停电或故障时,维持电梯的照明、通风和通讯,电梯平层放人,从而大大提高电梯的安全性。

超级电容节能电梯综合节电率为25%,最高可达33%以上,而且可以提高供电质量,减少供电设备容量20%以上。超级电容节能电梯代表了最新的节能电梯技术,具有重要的经济效益、环保效益、社会效益和广阔的应用空间。国家会展中心项目作为超大型展览馆,以其超大的体量、先进的节能环保理念和技术、超高的展示度,成为我国乃至世界建筑节能综合技术的典范,因此国家会展中心项目采用新型节能环保技术具有重要意义。

作为目前为世界上拥有电梯最多的单体建筑(拥有400多部电梯),其中50多部电梯采用了超级电容的方式,年节电将超过100万度,相当于上海1 200多户居民的年用电量。也因此成为世界上规模最大的节能电梯的集中示范区。

"停电不急停"的超级电容电梯是一种全新概念的"安全电梯",由上海市科委组织科研力量专为国家会展中心研发。国家会展中心所使用的其中6台在国内首次实现了"停电不急停"的安全功能。在因中心城区突发情况停电导致场馆停电的情况下,客梯仍可照常运行,大大缓解了市政停电造成的援救难度。

"干净健康"的生态场馆"看得见"

垃圾密闭收集、装配式搭建是来自上海世博会的实践经验,世博园区的气力管道垃圾输送系统的应用,以及参展国自行搭建、布展、拆除的节能环保理念,给国家会展中心的"生态场馆"建设和运营提供了重要参考。国家会展中心体量巨大,每年将产生大量的会展垃圾(搭建、布展和撤展垃圾)和餐厨垃圾。结合实际运营情况测算垃圾量,中国博览会会展综合体展览日垃圾高峰期约为70吨,极端高峰达120吨,而布展日与撤展日最高垃圾产生量可达到200吨;同时,传统展览的搭建布展材料属于一次性材料,这种材料会产生大量的有毒有害气体,对人的健康有严重危害。

国家会展中心在国内场馆内首次设置了餐厨垃圾管道收集系统。这种系统集垃圾收集、压缩运输为一体,垃圾流密封、隐蔽,与人流完全隔离,改善了会展区域空气质量与卫生条件,实现了垃圾的无害化处理。

针对会展期间搭建布展、参展和撤展普遍存在的环保问题,国家会展中心研制了装配式展览搭建材料。提高装配式搭建材料组件的安装快捷性和可塑性,不仅可以节约大量的人力、时间和预算,还可以重复使用。目前此类产品的品牌和厂家,主要集中在德国等会展业发展成熟的欧洲国家。国内展具系统发展现状的特点是"重制造、轻设计",展具行业缺乏行业标准和法规。可重复使用的装配式搭建技术的应用推广,将改变国内会展行业的现状,引领绿色展览行业进一步发展。

"拥抱"地铁,"你中有我,我中有你"

地铁不停运,改造出"12个出入口"和增加"1个站厅"并成功应对21.2万"日大客流"。国家会展项目是"骑"在徐泾东站及区间隧道之上,骑跨长度达1公里,近距离、大范围地在运营地铁附近实施新建工程,并在地铁照常运营的情况下实施"无麻手术",这在国内外轨道交通史上尚属首次。通过采取针对性的技术措施、创新性设计手段和信息化施工技术,达到了合二为一、拓展空间、快速疏解、安全运营、零距离换乘目标,成功解决了地铁不封站施工的世界性难题。

地铁2号线是目前轨道交通路网中承担客流最大的线路,作为终点折返站的徐泾东站也是目前青浦区唯一与市区联系的车站,日高峰客流达2万人,日均客流已达4万多。会展中心施工期间如采用封站施工,乘客及列车只能在淞虹路站折返,将导致大量乘客不能直接抵达虹桥枢纽,社会影响大,因此被迫采用"不封站施工"。针对地铁安全运营的要求,项目实施过

创新铸就卓越之城
上海城市建设与可持续发展成果背后的故事

提前布局、技术集成，成就绿色会展航母 / 记科技创新支撑国家会展中心（上海）建设

运营数年来，国家会展中心经受住了数次面积超过30万平方米大型展会的考验

程中(包括桩基作业、出入口改造、基坑开挖等),地铁区间上部施工荷载应不大于每平方米2吨,车站及区间隧道结构累计变形不能大于1厘米要求。施工不仅攻克了展馆上部结构体型复杂下传荷载不规则、两者结构距离近给地铁正常运营带来的难题,还成功改造出"12个出入口"。

在施工过程中,保证地铁安全运营是项目建设过程中的重中之重,是不可突破的安全红线。桩基距离地铁结构最近处不足2米,基坑基本是贴着地铁结构改造,这些都是地铁保护区作业的"禁区",在已有规范和规定中都是用"严禁"二字来禁止近距离作业。施工无疑将会对地铁正常运营产生巨大影响,建设者通过与地铁运营部门多次沟通,召开多达7次专家讨论会。桩基施工阶段制定了先近后远、先慢后快的施工方针,采用了自适应轴力补偿系统控制基坑变形,研发了恒力支撑系统控制地铁上部荷载;在洋泾港桥河道回填部分研发了轻质高强度泡沫混凝土进行荷载平衡回填;最终地铁变形完全控制在1厘米以内,外部施工对地铁安全运营未造成丝毫影响。不封站施工不仅方便了乘客、减少了社会影响,还省去了封站后的公交接驳费用,节约成本达6 000多万元。

同时,为配合会展期间的客流剧增,通过调整运营组织、提高行车密度,为线路增能。为此,还需研究快速疏解人流进出车站,通过模拟人流的走行轨迹,利用既有的两侧辅道,优化了站厅层的布置,拓展出一个崭新的站厅,并辅以增设新的扶梯。有了这样的创新设计,2015年"上海车展"和"中国医药展"期间,线路运能由原来的每小时2.2万人提高至3.7万人,成功经受住日21.2万极端"大客流"的考验,这种客流量是以往日最高客流10万人的2倍以上,是日均4万人次的5倍以上。

"地铁不停运改造和扩容技术"对城市建筑及人群密集区进行的地铁改造作业,提供了成功的经验和案例,尤其对地铁运营过程中的变形控制、周边环境保护和市民出行不受影响提供了成套技术。

创新技术确保"特种装备"等国际大展"落户上海"

国家会展中心以引进、消化吸收、最终自办特种展览（如特种装备、精密仪器等重型工业展览）为目标，而这些展览会的面积一般在20万平方米以上（如家具展、上海车展2015年展示面积已达35万平方米），要求展厅地坪承载每平方米达5吨（上海当时还没有展厅能达到该要求，如世博展览馆西展厅为3.5吨），要求展厅高度高于30米、跨度大于100米。上海是软土地基，大荷载承重要求对沉降控制提出了苛刻要求，而采用复合地基是经济适用的一种地基处理新技术。工程设计和建造者提出了复合地基承载力与沉降计算方法，创造性地采用了大桩距刚性桩复合地基处理新技术，建成24万平方米室内展厅、10万平方米室外展场，荷载为5吨/平方米的超重地坪示范区。

每个展厅的尺寸达到了300米×300米。二层为楼面面积16万平方米、柱距27米×36米的超大展厅，其荷载要求为1.5吨。出于功能流线及屋面防水等方面的考虑，平面内不宜设置永久温度缝（无永久结构缝），而超长混凝土楼面结构的收缩徐变和巨大的承载极易出现裂缝，张拉端也不容易布置。为实现预应力体系准确、快速建立和精确控制，展厅二层大跨楼盖采用预应力钢筋混凝土结构体系，并采取预应力筋分段优化，张拉端节点加腋，计算机智能张拉等技术，通过混凝土跳仓施工预留，解决了1.5吨/平方米重载楼面300米不设缝的预应力楼盖承载力和裂缝控制难题。由于混凝土结构力学性能离散较大，施工也易受人员、设备等因素影响，对预应力施工过程和结构的长期性能做了监测，可以对结构的服役情况、可靠性、耐久性和承载能力进行智能评估，为结构在突发事件下或结构使用状况严重异常时触发预警信号，为结构的维修、养护与管理决策提供依据和指导。

世界最大面积"无柱展厅"及大型商业中心成功"坐跨"地铁

最大跨度为108米的世界最大面积"无柱展厅"的超大屋面为无缝钢结构，通过在屋面结构支座的创新设计，帮助超大屋面抵挡温度变化、地震和台风影响。据了解,超长尺度的钢结构对温度变化非常敏感。在屋面结构支座的设计中创新性地采用了铅芯橡胶隔震支座,改善了超大屋面在温度和地震作用下的性能,不仅允许屋面结构在温度作用下相对自由伸缩,还能保持屋面的竖向支撑能力。此外,隔震支座还有效减少了屋面结构的地震反应,这代表了现代抗震设计先进理念的发展趋势。同时,利用风洞试验结果,结合建筑立面造型,在外立面设置高强钢棒,解决了屋盖大悬挑端在台风环境下的大变形难题。

中部环形商业中心的结构设计采用了交叉网格钢结构体系,成功跨越了117米的地下地铁车站结构,最大限度地减少了对地铁的影响,保证了地铁的正常运行。交叉网格结构中部分杆件采用了消能减震的阻尼器,这些阻尼器类似于电器设备中的"保险丝",在遭遇大地震时,阻尼器首先变形屈服,消耗地震能量,从而达到保护主体结构构件的目的。震后通过对这些阻尼器的更换后,结构仍能够保持原来的抗震能力。

为避免施工荷载直接作用于地铁车站和区间上方,工程采用了跨外吊装的工艺和可控轴力的弹性支撑技术。设计采用了交叉网格体系及消能减震技术,通过117米跨度的巨型筒体钢结构成功实现了地铁跨越,施工中又创造性地提出了悬臂拼装和可控轴力弹性支撑相结合的吊装工艺,满足了地铁隧道上方施工荷载可控、隧道结构变形可控的要求,最终地铁隧道上方施工荷载全部控制在2吨以内,隧道竖向变形控制在7毫米左右,满足了地铁安全运营的要求。

在地铁车站及区间隧道上方建造超重荷载大跨度空间钢结构,这在国内尚属首例。

"四大金刚"成就公共安全"新概念"

为应对超大客流,实现会展场馆运营的"零伤亡"目标,国展中心应用的四大新设备、新材料,已经成为城市公共安全的"新概念"。

国家会展中心展厅照明效果

国家会展中心3号馆

国家会展中心室外

中心配备了6台具有"停电不急停"安全功能的超级电容电梯,这是一种全新概念的"安全电梯"。在停电的紧急状态下,电梯能够在最近层停靠、平层放人,在最恶劣情况下仍可保证运行15米以上,一般情况下还可以持续服务一段有限时间,并能维持电梯内的照明、通风和通讯,给乘客提供最大的安全感。

会展场馆采用首次研发出"LED智能安全照明"灯具,将智能控制芯片与LED灯具结合,在停电状态下能靠自带的电源自亮,有效避免在火灾情况下应急电源电路被烧断而不能提供应急照明功能的情况。

此外,国家会展中心还成功应用了具有"保温、防火"双重功能的A级防火材料,有助于解决保温节能和防火这一对矛盾。创新性地应用在高大空间展厅内的运用脉冲风机控制火灾烟气蔓延的国内首创技术,解决高大空间的消防难题。采用世界上安装位置最高、目标射程最远的"消防炮",替换传统的消防喷淋系统,自动精准定位功能,还能通过射水雾化避免伤害人体。

数字智慧实现"大场馆""大客流""大交通"的高效有序

国家会展中心是世界上首个功能齐全的超大会展综合体,将面临日40万人次"大客流"、1万辆集卡进出"大物流"和上万辆汽车进出"大交通"的运营考验。通过现场控制网、感知物联网、移动互联网等数字智慧运营系统的集成,依靠"导航""导览"和"导购"等数字智慧硬件及APP软件技术,建立会展场馆的大数据分析平台,实现会场运营的有序高效,提高现代服务业的能级,起到引领示范和应用推广作用。

在数字智慧场馆新技术应用方面,特别注意传统技术与"大数据、云计算"等相关新技术的结合。国家会展中心功能单元多、体量大、结构类型复杂多样,设备管线密布,将建筑信息模型(BIM)、钢结构健康监测等传统技术,在设计、施工、维保阶段与数字智慧系统有效结合在一起,解决了建设和运营中的很多技术难题。

值得一提的是,会展场馆首次大范围应用BIM技术。技术人员在BIM

平台上完成深化设计过程，改善了钢结构自身的设计合理性，在后续碰撞检查阶段，设计成果变得可视化，能发现人眼难以发现的设计问题和相互碰撞，出图之前消除所有后续返工隐患。通过BIM技术的应用，深化设计缩短了3个月，消除碰撞上千处，节约投资数千万元。

太阳能总装机容量居世界展览场馆之最

上海世博会太阳能光伏建筑一体化的总装机容量为4.7兆瓦，为国家会展中心光伏建筑的建设提供了经验。国家会展中心已建设总规模为2.1兆瓦的光伏建筑一体化项目，远期还计划在国家会展中心5号停车场建设总规模为8.5兆瓦的光伏建筑一体化停车场，合计10.6兆瓦的总装机容量，这是全世界展览场馆所没有的。

国家会展中心具有大体量、超大无柱空间、大跨度、复杂外立面结构、复杂能源系统、高照明用量和建成后迅速投运的特点，用能需求复杂。围绕绿色建筑，借鉴低碳世博的理念和经验，国家会展中心设计、建造过程中形成、促成了诸多新技术、新材料和新设备及其应用，如虹吸式屋面雨水排水系统、中水回用技术、屋面雨水回用系统、低环境冲击模式主动型透水地面、机电变频技术、高大展厅送风喷口、分项能耗计量与控制系统等。国家会展中心于2014年10月13日获得中国绿色建筑三星级（中国最高级）认证，是已获得中国绿色建筑三星级建筑中体量最大的会展综合体，不仅解决了大型公共建筑节能环保的世界性难题，还留下了经过认证的绿色财富和人文理念。国家会展中心在质量上也是精益求精，于2015年10月获得中国建设工程鲁班奖（中国质量最高奖）。未来，国家会展中心作为世界规模最大的会展综合体，将继续充分依托上海的区位优势和辐射能力，立足长三角，服务全中国，面向全世界，为促进上海国际会展中心城市建设、上海国际贸易中心建设和中国展览业发展做出积极的贡献。

（执笔：《华东科技》杂志社俞灵琦等）

为卓越工程插上
科技的翅膀

记上海浦东国际机场的建设历程

上海浦东国际机场是上海市重大基础设施项目,也是国家重点工程,受到了党和国家领导人以及上海市委、市政府高度重视。同时,上海浦东国际机场建设是科技支撑社会经济发展的又一个成功的典型案例。科技在上海浦东国际机场项目的策划、决策和整个建设过程中起到了极大的支撑作用。从场址论证、机场总体规划、建设条件分析与规划、分段实施方案,到环境影响评价和预测、围海造地工程、鸟类生态环境调查、项目可行性研究等课题,都充分体现了尊重知识、尊重科学的精神,显示了科技的力量。

上海浦东国际机场的建设历程就是现代科技与工程建设紧密结合的过程。在工程建设中,针对面临的一系列问题,始终以科技为先导,从工程管理、设计、施工技术各方面进行大量探索和实践,开展科学实验研究,优化工程设计,取得了许多拥有自主创新知识产权的科研成果。对每一项技术攻关或重要问题的决策,均组织多学科、多专业的专家咨询和论证,以系统工程的思想组织工程,严格遵守基建程序,坚持走可持续发展之路。同时,科技为策划和决策提供了决定性的科学依据,对机场项目的成立、建设实施、运营、效益及今后的发展带来了深刻的影响。时任上海机场(集团)有限公司总裁、上海浦东国际机场建设指挥部总指挥吴祥明在浦东机场建成后深有体会地说:"我是真正体会到了什么是依靠科技。"

国际航运中心筑梦起飞

1990年4月,党中央、国务院作出"开发浦东,开放浦东"的战略决策。1992年6月,党的十四大进一步明确了以上海浦东开发开放为龙头,开放长江沿岸城市,尽快把上海建成国际经济、金融、贸易中心之一,带动长江三角洲和整个长江流域地区经济的新发展。从此确立了上海未来发展的"一个龙头,三个中心"的目标。上海要实现这个战略目标,建设一个与上海整体经济规模相匹配的现代化民航运输设施成为必不可少的保证条件。

可以说,一个现代化的经济、金融、贸易中心城市,必须是一个国际航运中心城市。建设浦东国际机场不仅是上海城市发展的需要,也是中国经济发展的需要,更是我国立足全球视野的战略布局,拥有国际枢纽空港是国际经济与航运城市的重要标志。当时亚太地区的新加坡、吉隆坡、高雄、东京、汉城等城市都已意识到这一重要性,有的已建成,有的正在加紧建设中,对上海形成了围合之势。中央的决策正逢其时。从国内来看,随着中国经济的持续高速增长,当时上海市及华东地区的航空业务量也呈飞速发展,上海原有的虹桥国际机场是中国的三大门户机场之一。90年代以来,旅客流量以每年大于20%的速度增长,由于虹桥国际机场航站楼最大能够容纳的旅客数量,以及用地和空域条件的限制,其发展空间有限,开辟第二国际机场——上海浦东国际机场成为上海的必然选择。从上海自身条件来看,上海地处亚、欧、美大三角的一极,由于纬度较高,大型客机可以直飞美国东海岸和欧洲主要城市;上海又处于亚太地区的中心位置,与各亚洲主要城市的航程均在2～5小时,有着得天独厚的地理优势;作为国内最大的经济中心城市,上海位于中国沿海经济带和长江流域经济带的"T"字形结合部,腹地广阔,战略地位也十分重要;上海浦东国际机场定位于亚太地区的枢纽机场不仅有必要,而且是可行的。基于上述判断,上海市委、市政府作出了

浦东国际机场

"完善虹桥,加快浦东"的决策,决定尽快建设上海浦东国际机场。1993年4月成立了上海浦东国际航空港筹备建设处,开始了机场场址选择、总体规划、预可行性研究以及生态环境评价与对策等论证研究。

借力国际资源开展前瞻研究

1994年7月,为了解开"浦东国际机场建成亚太地区枢纽机场需要多大的规模和容量"这一难题,上海市科委向科技部申请了JIAC援助计划项目,并获得了有力支持。JICA受日本政府的委托,派遣了由日本工营株式会社和日建设计两家公司组成联合调查团,组织日本民用航空、环境保护、经济财务等的专业的专家,与中方专家组共同开展研究工作,对浦东国际机场总体规划及第一期建设计划项目进行了历时一年的研究论证,结论是浦东国际机场的总规模为4条平行跑道,最终容量为高峰小时降飞机100架次,年起降49.3万次,年旅客处理能力8 720万人次,年货运能力450万吨。一期工程建设一条主跑道,一座航站楼及其配套设施,年旅客吞吐量2 000万人次,货邮吞吐量75万吨。

> JICA是日本国际协力事业团的简称。中国和日本政府间JICA渠道技术合作始于1979年,源自日本对发展中国家的技术援助,是日本政府官方发展援助(ODA)的一部分。因日方实施机构为日本国际协力机构,也称之为JICA渠道技术合作。国务院授权科技部管理这一渠道。中日政府间JICA渠道的技术合作,以其适用性强、形式多样、软硬件结合、规模和渠道相对稳定、受益面广的特点,在中日经济技术合作和科学技术合作中发挥了独特的作用。同日元贷款和无偿资金合作一起,JICA渠道技术合作成为中日经济技术合作的三大内容之一,与中日科技联委会框架下的政府间科研合作计划和各种形式的民间科技交流与合作活动一起,构成了中日科学技术合作的三个重要组成部分之一。

浦东国际机场部分场景图

浦东国际机场信息系统实时显示航班动态

浦东国际航站楼内大跨度钢层架

如此规模的机场建设，中国民航史上未曾有过。中国的航空运输业落后发达国家几十年，缺乏熟悉大型民用国际机场规划、设计、施工和工程管理、生产运营等一系列专业人才和经验，面对国内前人未走过的路，上海必须在实践中不断学习和探索。

针对这一现实问题，市科委等相继支持了一批科研项目进行前瞻系统研究，以科技促进项目管理，以管理产生效益，为上海浦东机场的建设提供了决策的支持。如"上海浦东国际机场工程前期重大课题研究与实践"就是围绕浦东国际机场一期工程建设前期项目策划和综合研究，从机场工程的项目管理、项目策划和规划设计、科学技术在工程建设中的应用、发展研究等4个方面开展前瞻性研究，该课题为浦东国际机场一期工程建设的决策提供了科学可靠的依据；上海市青年科技启明星计划项目"21世纪航空城——浦东国际机场建设指挥周围开发研究"首次系统地提出"航空城"概念等。

多方支持协调空域难题

机场选址不仅要考虑城市社会、经济、文化、交通的历史发展布局，还要考虑地理、气象、水文、环保、市政、空域等条件。为保证机场的顺利运行，在30～35公里以上空域是不能有相邻机场的。而当时上海地区的空域情况却是有十几个军、民用机场，必须对原空域进行调整，才能使上海浦东国际机场的功能得到充分发挥。为此，上海市政府向党中央、国务院、中央军委汇报了选址情况，得到了大力支持，帮助协调了飞行空域，确保了上海浦东国际机场所需的空域条件。

当时可行性研究也需要上海1/10 000，1/50 000，1/100 000的空域地图及空域管理相关资料。我国的空域不属于民航管理,而属于空军调度,牵涉军事保密等一系列问题,提供空域地图成为研究前需要解决的一个难题。在市政府、市科委、市保密局等的支持协调下,最终解决了空域地图的难题,让研究工作得以顺利进行。

浦东机场定位国际枢纽

机场就像一座中小城市,合理规划、及早构想不仅对工程建设有利,更重要的是能充分利用资源,为日后的持续发展和生产运营打下良好的基础。机场建设之初,首先要确定的是机场定位。

按照国际上枢纽机场的规划水平和上海的经济社会发展预测,上海在21世纪完全可以达到客运8 000万～10 000万人次/a、货运500万吨/a的吞吐量。经过进一步测算,20年、30年后机场的客流量,以及上海城市发展的规划、远景,确定了上海浦东国际机场应有两主两副4根跑道、客运航站楼建筑面积为100万平方米、货运占地为200万～250万平方米、机场占地约32平方公里。在国务院批准的"上海浦东国际机场可行性研究报告"中明确指出了上海浦东国际机场将建设成为我国重要的门户机场和国际性枢纽机场之一。

> 枢纽机场(Hub Airport)起源于美国20世纪70年代放松管制之后,随着各国政府对民用航空业管制政策的逐步放松,世界航空运输业出现了前所未有的激烈竞争,枢纽机场也因此获得了巨大发展。枢纽机场是一个具有相当运量规模的机场,存在一家或多家航空公司将她视为自己航线网络中的一个重要节点

> 进行枢纽运营,通过适当的中转比例,全面或部分完成国内远程连接、区域辐射、国际门户、第三国中转等功能。发展枢纽机场是实现机场战略目标的一种手段。枢纽机场的功能在于大量中转旅客,使旅客具有更多的旅行途径选择和更低廉的费用,同时提高航空公司的资产运营效率;另外,可以促进机场运量的增长,带动所在城市和周边地区的发展,是国际航线或国内航线与地面轨道、公路等的一体化交通枢纽。进入20世纪后期,枢纽机场已成为带动和促进地区和城市社会、经济发展的重要力量。亚洲许多国家和地区都以建设超大型机场为目标,如韩国的新汉城机场、马来西亚的新吉隆坡机场、新加坡的樟宜机场、泰国曼谷的顿曼机场,以及日本东京、大阪地区机场等都在争取确立亚太地区枢纽机场的地位,拥有国际枢纽航空港成为国际经济和航运中心城市的重要标志。

场址东移重构引鸟生态

避免鸟类活动对飞行的影响,是上海浦东国际机场面临的一个特殊问题。上海浦东国际机场沿海滩涂是一部候鸟过境的场所。当时选址时面临两种选择,其中一种是将选址迁至远东大道西侧。若按此方案决策,将把原川沙和南汇连同周围地区包含在机场的噪声影响区域内,并影响当地居民的日常生产与生活,制约其今后的发展,产生更为严重的生态问题。经过一系列的综合研究评估,还是选择了第二种方案:场址东移、利用滩涂。就是在东侧海滩围海促淤造地18平方公里,充分利用所围土地,将机场东移700米,由此,可少占用机场西侧农田5.6平方公里,少动迁居民5 000户,比征用同面积土地节省20亿元,大大降低了建设成本,取得了较好的经济效益。虽然这个方案会破坏吸引鸟类的生态环境,"驱"走鸟类。同时,为补偿因此造成的生态环境影响,总指挥部委托华东师范大学课题组开展研究,确定在机场东边11公里的长江口第三代沙洲——九段沙上种植芦苇和互花米草、加强固沙、促进淤积,创造更好的鸟类生态环境来"吸引"鸟类。事实证明,通过科技支撑的"驱引结合",在3年后的九段沙营造出了一个非常好的适合鸟类的生存环境,成功解决了鸟类影响飞行安全的问题。

科学论证选择强夯方案

新的难题不断出现。机场选址地区原来是大片农田和滩涂,属于典型的软土地基,由于只有沙、没有石,沙土地最多打桩至50～60米下。有人提出用灌桩,但后面论证亦不可行。

同时,上海浦东国际机场飞行区工程作为机场主体工程之一,其建设进度的快慢和工程质量的优劣,直接关系到能否实现机场总体建设目标和建成后的安全运行。机场选址确定后,场道地基处理方案的选择成为影响机场建设的关键因素之一,不仅涉及技术问题,同时影响机场投资和工期。当时最大飞机是波音747,以后还有更大的飞机呢?而且飞机下降时的冲击力是巨大的,如果对机场场道地基处理不好,有可能会因场道地基沉降而影响机场的正常运行,后果不堪设想。这时,总指挥提出请市科委组织专家进行科学研究论证。

上海在建设重大工程前,都会碰到大大小小的困难。期间,上海科技管理部门发挥了重要作用。聚焦地基处理问题,市科委组织了近20家单位对场道地基问题把脉,专家对此观点不一,各自也都拿出了论证依据。面对选择,经过进一步论证,根据勘探地质资料表明机场场区表面沟壑遍布、浅部土层暗浜很多,存在沉降可能,会造成跑道不平甚至开裂破坏的后果。而且一期工程只建设一条主跑道,一旦发生影响飞行的不均匀沉降,只能关闭机场进行处理,将带来无法估量的损失。最终,指挥部决定场道地基难题一定要重点突破。

专家们提出了众多地基处理方法,几乎涵盖了所有的软土地基处理的方法,都提出了充足的理由。通过对各种方案的可行性比较分析,讨论焦点集中在浅层处理的强夯法和深层处理的排水板堆载预压法。经过对这两种方法的科学论证和现场对比试验,两种方法都达到了预期目标。为此,又邀请了岩土科学方面的专家、学者,包括中科院院士卢肇钧以及中国工程院周镜、叶可明、刘建航三位院士,日本专家经过技术、经济和施工综合分析,最后,按照满足施工工期要求和经济节约的指标,选择了效果可靠、工期较短、成本最低的浅层强夯地基处理方案,降低工程造价1.2亿元,缩短工期6个月,为决策正确合理的地基处理方案提供了极为可靠的科学依据,为选择确定跑道构型、选用合理施工工艺提供了重要指导。

坚持国际设计与自主创新并举

一个现代化的航空港,航站楼是整个机场的核心功能设施区。航站楼设计的合理与否直接关系到机场运行的效率,它不仅代表着机场的形象,从某种意义上说更是一个城市的标志。航站楼的设计和建设在整个工程中起到了举足轻重的作用。

机场建设指挥部当时邀请了世界上6家著名的设计公司参加机场航站楼的设计方案征集,经过专家评委会的专业评选,秉承"21世纪人与自然和谐共存"理念的法国巴黎机场公司(ADP)建设工程设计部和索德尚金融公司(SODE CHANGE)提交的以海鸥展翅为主题的设计方案中标,最终确定为实施方案。在国际征集设计方案时,为确保今后设计工作的自主可控,在合同上明确规定了在整个设计活动中，必须有业主指定的中方设计顾问参与，施工图的设计必须由中方完成。

针对法国ADP公司的设计方案在上海的诸多"水土不服"的问题，华东建筑设计院作为ADP公司的咨询顾问和业主的技术顾问，与法国ADP公司合作完成初步设计，并最终独立完成调整设计工作。期间，上海市科委立项"浦东机场一期航站楼设计"项目，全力支持华东建筑设计院组成15人专家团队，结合我国国情，在法国ADP公司方案的基础上，对建筑方案进行了调整和优化。整个工程设计在功能平面及流线设计、消防设计、大跨度的屋面钢结构设计、超长度的结构设计、空间照明设计、雨水排水设计、大空间空调等设计上，均取得了可喜的成果，对今后类似大跨度公共建筑设计具有很强的指导作用。

设计的问题解决了，然而在施工上却又面临着四大难点：一是临海地区大面积超长深基础与地下结构施工在上海地区没有先例；二是大体积清水混凝土施工在目前的建筑物中规模应用尚属首次；三是超长超重大截面沿口大梁施工在上海地区施工中从未遇到；四是超大型钢结构屋盖安装工艺，国内现有的机械设备不能满足施工需求。围绕以上问题，上海市科委多方协调组织上海建工（集团）总公司等单位，在推进浦东国际机场航站楼工程成套施工技术与设备研究的过程中，通过科学实验，创造性地攻克了各个施工难题。如在特大型斜柱支撑的预应力钢屋盖结构施工中，针对主楼和长廊的不同特点，分别采用了"屋架节间地面拼装、梁柱屋盖跨端组合、区段整体纵向高重心、不平衡双跨位移"的方法，开发利用了机、电、液一体化模块结构进行计算机控制，连续牵引作业自动化和部分智能化，以及"地面组装、四机抬吊、高位负荷、远程吊运"的先进施工方法，实现了斜柱预应力钢结构长距离整体平移的高难度安装施工等，成功地解决了吊装中的结构稳定等高难度问题。

为卓越工程插上科技的翅膀 / 记上海浦东国际机场的建设历程

人性化设计的航站楼中,节能环保和信息化管理技术的应用,让旅客感受到科技带来的便捷

夜色中的上海浦东国际机场似海鸥展翅欲飞

特大型斜柱支撑的预应力钢层盖住结构设计与安装凝聚着科技的智慧

超前研究支撑二期扩建

根据上海机场"浦东为主、虹桥为辅"的功能分工,随着"航班东移"和上海航空业务量的快速发展,浦东国际机场的设施能力已不能满足发展的需求。为了更好地竞争亚太地区主要航空枢纽港的地位,建成并已投入运营3年的浦东国际机场开始了大规模的二期扩建工程。二期建设无论从规模、工期和复杂性上都大大超过一期工程。面对规模巨大、繁多复杂的枢纽设施,无论是工程设计、施工建造,还是建成后的交通组织、设施运行与管理等均是前所未有的,迫切需要开展前瞻性研究。

市科委于2003年至2005年期间,相继支持了一批浦东国际机场二期建设的超前研究项目,如重大科技攻关项目"浦东国际机场二期飞行区地下穿越及航站区建设技术与应用""航站楼及能源中心节能研究与应用""浦东国际机场场道地基处理研究与实践""大型综合交通枢纽建设关键技术""浦东机场二期航站楼抗震关键技术研究""枢纽机场的规划指标体系及运营模式研究""浦东国际机场规划优化与工程技术研究""上海机场道面管理系统开发应用"等一批项目。这些项目针对建设中的技术难题,通过一系列重大科技攻关,在世界级枢纽机场的规划设计、机场信息系统分析与建设、机场工程绿色策略与节能、大型机场工程施工关键技术等方面,取得了一系列创新成果。如运用先进的计算机模拟仿真技术手段,基于枢纽机场的概念研究完成了"一体化交通中心"的规划及其实施方案;建立了机场运营指挥中心、航站楼运行中心、地面服务中心、货运管理中心、场道管理中心、能源保障中心等6个中心的机场运营管理模式;制定了传统航空货站与周边环境空港物流园区整合规划。

上海浦东国际机场二期扩建工程突显了四大亮点:一是节能环保好,与未作优化的原始设计比较,全年可节电54.9%,年节电1.3亿度,全年节能

50.8%；二是科技含量高，扩建工程共开展23个科研课题，其中多项成果达到国际先进水平；三是运营管理优，通过机场运行指挥中心等5个"中心"，"统一指挥、分区管理"，大大提高了机场的运行管理效率；四是货运能力强，西货运区设计年处理能力120万吨，投入使用后，浦东机场货运吞吐量可望竞争成为世界第一。

在第二航站楼等扩建工程的设计、建设中，充分体现了科学发展观的要求，强化了"满足基地航空公司及其联盟中枢运作的需要"和"以人为本，最大限度方便旅客"的设计理念。无论是在流程设计、设施布局、环境，甚至地面交通的换乘等诸方面都充分体现了枢纽运营的需要和人性化的要求，中转过境更加快速便捷。

科学研究助力梦想高飞

2008年3月，上海浦东国际机场的二期建设正式通航投入使用。然而，科技对上海浦东国际机场的支撑作用依然在延续。2010年起，上海市科委继续支持相关的研究。如"商飞配套跑道工程地基处理技术研究"为上海浦东国际机场商飞配套跑道系统的设计与建设提供了重要的技术支撑，为机场建设中软土地基处理设计、施工及规范的制订提供了科学参考依据，对民航机场的软土地区的建设发展具有重要意义。2017年5月5日，我国自主研制的新一代喷气式大型客机，中国首款国际主流水准的客机C919在上海浦东国际机场的跑道上首飞成功，这又是另一个梦想开始的地方。

上海浦东国际机场鸟瞰图

2017年5月5日,我国自主研发的喷气式大型客机C919在上海浦东国际机场跑道上首飞成功

> **相关链接**
>
> 上海浦东国际机场位于上海市浦东新区启航路300号,占地40平方公里,是我国重要的门户机场和国际性枢纽机场。共拥有5条平行主跑道(第五跑道专用于"中国商飞"国产大飞机),2座航站楼(1号航站楼27.8万平方米、2号航站楼48.55万平方米),停机坪149万平方米(一期124万平方米、二期25万平方米),停机位218个(70个登机桥位、65个远机位、58个货机位、25个维修机位),登机桥70座(1号航站楼28座、2号航站楼42座),值机柜台556个(1号航站楼204个、2号航站楼352个),到港行李传送带13条,仪表着陆系统Ⅱ类双向。一期工程于1997年10月15日全面开工,1999年10月1日建成通航并投入试运行。二期扩建工程于2005年12月正式开工,2008年3月正式通航投入使用。
>
> 2015年12月29日,浦东机场三期扩建工程启动。卫星厅分别将1号、2号航站楼联合运行,工程预计于2019年建成并投入使用,届时将满足8 000万人次年旅客吞吐量。

(**执笔**:上海市科技成果档案资料馆张芝慧;**核改**:吴冈、费明钰、江世亮等)

以"创新之肩"
扛起节能减排之旗

上海外三电厂奇迹及其动力之源

外三既是上海外高桥第三发电有限责任公司的简称，也是中国现代化工业追求能耗效率、节能减排的一面旗帜。在国际能源领域，上海外高桥第三发电有限公司已成为全球最节能、最环保的火电厂，近年来，通过坚持不懈的努力，外三解开了火力发电在环保、耗能、效益上不能兼顾的死结。对于"多煤、少油、缺气"的中国而言，外三闯出了一条清洁高效利用煤炭的现实路径，它更向世界证明了，煤电依旧可以借助创新获得旺盛的生命力。在工程策划阶段，外三瞄准世界纪录、围绕节能减排要求、提前研究和实施创新课题，对当代世界大型超临界火电机组的锅炉、汽轮发电机以及配套的环保设施等设备和技术进行了全面深入的研究和分析。在工程建设期间和机组投产以后，有针对性地持续开展了20多项首创性的重大技术创新项目，破解了一大批国际发电业几十年未曾突破的重大难题，使其机组能效和环保水平在世界上遥遥领先。从当年引进德国技术、自行设计制造到如今一直处在单位电量产出耗煤指标和减排指标的世界最好水平，以至于德国、美国工程师都要来外三学习取经，国际能源署清洁煤中心相关负责人不但赞许外三是全球最清洁的火电厂，而且强调"与世界最严格的火电厂污染控制标准相比，外三甚至显著优于天然气发电"。2017年12月5日，在拉斯维加斯举行的第29届国际电力大会上，上海外高桥第三发电有限责任公司被授予"全球清洁煤领导者奖"中的最高效率奖和最低氮氧化物排放奖，再次彰显了"外三效应"的全球意义。通过回顾这一巨大转折的发生，促使我们对科技决策的价值有了更为清醒的认识，也对未来我国如何更好地走现代化工业制造之路有所借鉴。

以"创新之肩"扛起节能减排之旗 / 上海外三电厂奇迹及其动力之源

上海外三电厂内部结构一览

创新，
破解能源发展之路的"钥匙"

众所周知，多煤（97%）、少油、缺气是中国能源禀赋的基本格局。截至2015年，中国一次能源消费结构为原油18.6%、天然气5.9%、煤63.7%、核能1.3%、水电8.5%、再生能源2.1%。近几十年来，煤电在全国发电总量中的贡献最大，占了70%。上海的能源结构中，煤电更高达80%（因为上海没有水电，很长时间没有天然气，主要靠煤电）。上海的经济发展离不开煤，然而，煤电比例畸高导致了严重的空气质量问题。特别是2000年后，随着世博会申办成功及筹办进程加快，环境治理力度也不断提升。为此，根据市委、市政府要求，上海提出了限煤指标，并通过了地方人大立法。一方面，通过推出"关小扶大"的举措，进一步限制用煤量。关小，即关停发电效率在30%左右的发电机组，包括南市、杨树浦发电厂；扶大，即通过大机组提高效率。另一方面，通过制定在火电行业提高煤的使用效率的标准，选择了外高桥第一电厂作为低NO_x燃烧技术相关标准的示范试验单位。

氮氧化物（NO_x）与硫氧化物（SO_x）等都是火电厂的主要排放物，被认为是火力发电对环境带来危害的罪魁。当时脱硫技术已经很成熟了，而脱硝和燃烧有关。在外一进行的低NO_x燃烧技术实验需要通过还原技术把NO_x转为氮气，但要使这一新技术充分发挥作用，就要把和燃烧技术密切相关的燃烧工况、锅炉结构等都列入改造范围。对于这些"伤筋动骨"的改造，当时的电厂还没有这样的能力。

2000年以后，尽管全社会对控煤、对环境越来越重视，但当时并没有可以优化燃煤发电的方案。与此同时，上海当时用电需求仍有巨大缺口，因为关掉了一大批小发电厂，所以无奈只得让石洞口两台没有户口的600兆瓦发电机组"悄悄"上马，可见当时的境况之难。

创新是识人、用人的过程

随着雾霾问题上升为社会最为关注的环境话题,煤的高效、清洁利用已经到了非解决不可的时候。2005年前,上海痛下决心,关停全市3 000多台工业锅炉(包括单位食堂烧水的小锅炉),以确保电厂锅炉。尽管一段时间内还无法实现用清洁能源取代传统电厂,但在此期间,可以选择一个科技基础条件较好的生产煤电企业做试点。通过调研,上海市科技管理部门锁定了外高桥地区的几家电厂。其中,外一是国内最早的引进技术企业,引进的美国GE公司20世纪80年代的锅炉技术,技术水平相对陈旧;外二的900兆瓦机组是全进口的,处于世界领先水平,引进的是阿尔斯通的锅炉、西门子的汽轮机技术(当时西门子这两项技术都已转让给上海电气);而外三的两台1 000兆瓦机组是当时国际上最先进的技术,尽管是从德国引进,却是中国人自己设计制造的。为了更好地发展自主创新技术,上海市科技管理部门最终选择了外三作为节能减排试点单位,这也意味着选择了外三的灵魂人物——冯伟忠。某种意义上,正如乔布斯之于苹果,外三背后的这位决定性人物,也一手造就了"外三奇迹"。

冯伟忠原是崇明电厂从事汽轮机维护运营的工程师,不但熟悉整个电厂的技术流程、工艺,而且基础理论很扎实,实践经验又极丰富。如,全世界的锅炉一般都是两个水泵(一个作为备用),只有冯伟忠敢于取消备用水泵,这招致很多人反对,但他却一直坚持。再如,他将高压缸放到锅炉顶上,通过很长的管道(100米),这套改造体系已在安徽电厂试验了。冯伟忠从整个电厂生产过程入手,持续优化系统的每个细节,提出了几十项世界级创新,包括十多项世界首创,从而将无数个"0.1%"的进步累积成巨大优势。就这样,一个从未走进全日制大学甚至高中课堂的技术人员,靠过刻苦自学成为世界级电力专家。

上海市科技管理部门长期对冯伟忠及外三电厂予以了关注和支持，尤其是对冯伟忠这样一位对电厂业务熟悉到如数家珍、刻苦钻研、斐然有成、敢闯敢试、个性突出的外三电厂当家人，工程技术专家用人不疑，在其推动工艺过程改造的关键阶段给予了有力支撑。如连续支持了"外高桥三期1 000兆瓦超超临界机组系统综合优化和节能降耗关键技术研究""热力循环研究理论的突破：广义回热技术及实施""火力发电厂集中式变频供电系统关键技术研究"等一批项目。这些项目的布局和实施，使得外三电厂确立了依靠科研创新带动产业发展的方向，先后成功研发了"蒸汽氧化及固体颗粒侵蚀综合预防"系列技术、"超超临界机组节能快速启动"系列技术、"火电机组变频总电源技术"等10多项节能减排关键技术，解决了一系列传统火力发电及环保技术的瓶颈问题，累计节约标煤100多万吨，连续多年在绿色火电领域保持国际领先地位。2014年，外三被国家能源局授予全国唯一的"国家煤电节能减排示范基地"。2015年上半年，两台机组实现供电煤耗273克/千瓦时，机组额定工况的净效率已超过了46.5%，已与国际尚在研发中的下一代蒸汽温度700℃等级高效超临界机组的期望效率相当。近年来由于机组运行负荷降低影响了能耗指标，但2017上半年供电煤耗仍达到277克/千瓦时，保持着国际领先水平。外三电厂的烟尘、氮氧化物等各项环保指标也远远优于"史上最严"新国标的排放标准。

可以说，上海科技管理部门为外三电厂在发展过程中提供了重要的支撑，也是从那时起，冯伟忠的职业生涯就更多地和科技创新结下了不解之缘，并在后来的发展中，陆续获得国家和上海的多个科技进步奖等殊荣。回头看，当时的外三尚在规划之中，为了争分夺秒，在没有繁复的专家论证的情况下，支持冯伟忠是一件具有风险的举措。政府相关负责人的大胆举措，不仅是对外三电厂所走的创新之路的肯定，也通过大量深入的调研，帮助建设中的外三电厂解决问题，把可能的风险降到最低。

上海外三电厂外景

外三创新不停步

外三电厂共建设两台1 000兆瓦超超临界机组,工程于2005年7月开工建设,两台机组分别于2008年3月和6月先后建成并投入商业运行。在项目建设中,业主方在项目的设计、设备选型、施工和调试、启动和运行等各个环节,开展了一大批优化和技术创新,全面提升了机组的整体性能,在投产时的机组性能试验净效率达45.03%(循环冷却水温19度),远远超过了设计水平和同期同类机组。投产当年,在平均负荷率达74%的情况下,平均运行净效率达42.73%,在整个电力行业引起了极大的反响。

机组投产后,外三电厂并没有放慢创新的步伐。从2005年开始把外三作为节能减排的试点以来,上海市科技管理部门每年都有项目持续支持外三技术团队的技术创新,在这样的支持下,外三进一步研发了包括"零能耗脱硫""节能型全天候脱硝""广义回热"等一系列重大节能减排新技术,并通过每年机组检修的机会予以实施,从而使两台机组的效率和环保水平每年都能显著提高。2009年和2010年,在负荷率亦仅为74%~75%的情况下,全厂年平均净效率分别上升为43.53%和43.97%;而2011年,机组实际运行净效率再次跃升为44.5%以上(含脱硫、脱硝)。这标志着推算额定工况,目前机组的净效率(含脱硫、脱硝)已达46.5%以上。在机组投产后所开展的这一系列技术创新所达到的节能减排效率,相应于其在投产时的高水平基础上再向前推进了一代。

外三电厂2015年1月至5月煤耗为273克/千瓦时,二氧化硫的平均排放浓度14.95毫克/标准立方米,平均脱硫效率达98%以上;烟气排放浓度实测数已低于1毫克/标准立方米,氮氧化物排放量仅为15.9毫克/标准立方米。各项排放数据不但远优于新版国家标准,甚至优于燃气轮机的排放标准。知名清洁煤专家、原清华大学热能工程系副主任毛健雄说,基于传统观念，火电节能与环保技术早已触顶，但外三不可思议地打破纪录，相当于将百米跑世界纪录刷新了1秒。积十余年持续创新发展，外三电厂形成了一套从根本上改进燃煤发电的革命性方案，能将外三保持的节能世界纪录再次大幅刷新5个百分点。西门子专家评价说，该方案"是发电业成为低排放绿色产业的唯一机遇"。

不断外溢的"外三效应"

近年来，随着各项控污染、减排放的政策纷纷出台，无论自愿也好，被拽着也罢，中国煤电行业已进入"超低排放"时代。2014年7月，史上最严的环保政策《火电厂大气污染排放物标准》出台，该标准规定当年7月1日起，新建火力发电锅炉执行烟尘、二氧化硫、氮氧化物排放限值分别为每立方米30毫克、100毫克、100毫克；以天然气等气体为燃料的锅炉或燃气轮机组排放限值分别为每立方米5毫克、35毫克、50毫克（天然气锅炉为100毫克）；对重点地区的火力发电锅炉排放标准排放限值分别为每立方米20毫克、50毫克、100毫克。

随后，山东、江苏等地出台地方减排标准，国内主要发电集团都纷纷在进行大机组的超低排放改造，特别是在长三角、山东等经济发达区域，由于各省对于"超低排放"的电量以及电价的奖励，各地涌现了多台实现"超低排放"机组。正是在这一轮火热的火电机组改造中，给一直深耕于脱硫脱硝环保企业带来了新的机会。其中，外三电厂的超低排放技术成为各主要发电集团的主要选择之一。

据《中国电力报》报道，华润、神华、大唐、华电等集团已与上海外三电厂签订技术推广合作协议，徐州（铜山）华润电力有限公司作为国内首个系

上海外三电厂内景

统复制外三技术的电厂，推广应用外三 7 项创新技术，改造投运后每千瓦时供电煤耗下降 10 克标准煤以上，徐州（铜山）华润电力有限公司将成为目前外三以外成功应用外三系列创新技术的典范。

外三和承担外三技术推广的上海申能能源科技有限公司对华润徐州铜山电力有限公司 5 号、6 号两台百万机组开展了节能诊断工作，并将外三技术系统复制到该厂。截至目前，从各项参数看，系统安全性、可靠性、节能效益均显著提升。通过与未改造的 6 号机组对比，5 号机组供电煤耗降低了超过 10 克/千瓦时。2014 年 9 月 18 日，徐州（铜山）华润电力有限公司作为第一家系统复制外三技术的电厂，节能减排综合改造项目正式开工。6 个技术改造项目历时两个月完成。两台机组改造完成后，按照徐州（铜山）华润电力有限公司全年发电量 120 亿千瓦时计算，改造后每年可节约 12 万吨标煤，按照目前标煤单价 500 元/吨计算，全年节能收益约 6 000 万元。在环保指标方面，粉尘、二氧化碳、二氧化硫、氮氧化物排放均可大幅减少，为全社会带来的节能减排效益显著。与此同时，华润电力控股有限公司已在河北曹妃甸新建的两台 100 万千瓦超超临界项目中，计划完全按照外三全部创新技术进行设计，并已开工建设。华润曹妃甸项目将来投产所达到的性能指标有望超过外三现有水平。

中国能源研究会节能减排中心主任王凡介绍，早在 2009 年，国电集团就向全系统下发学习外三工程先进经验的文件。截至目前，大唐、华电、神华、华润等集团已签订外三技术推广合作协议。大唐集团计划在吕泗电厂、黄岛电厂、彬长电厂等 3 个电厂试点推行外三节能减排系列创新技术，并在研究建立推广创新技术的商业合作模式。神华集团已在安徽安庆、福建罗源湾新建电厂中，联合设计院和设备制造厂家，利用外三成熟的创新技术，对原设计方案进行优化，力争新电厂投产就能达到或超过外三的现有水平。安徽安庆电厂 3 号百万机组，采用了外三电厂的部分创新技术和神华自己的环保技术，已完成试运行，并取得了很好的实效。

外三的实践在今天依然具有十分重要的示范和推广价值。节能减排、低碳经济依然是国际社会关注的焦点。基于中国一次能源的蕴藏总量调研，煤炭占了将近90%，中国的超过10亿千瓦的发电总装机容量中，煤电占比超过70%，发电超过75%。在可以预见的相当长的时间内，煤电作为中国电力主要部分的现实难以改变。在现有煤电厂蒸汽参数、材料技术及单位造价条件下，充分发掘现有技术体系下的节能潜力才是真正解决问题的途径。

> **相关链接**
>
> 能耗：外三承担了上海10%的电力需求。投产6年来，它一直是全球最节能的火电厂。每发1度电，它的煤耗大约比原先的国际最高水平电厂低10克——在火电业，1克煤耗就意味着显著的技术差距，若差10克，就代表两种技术相差整整一代。因此在很长一段时间，外三的成绩被认为不可思议。
>
> 排放：2014年7月，国际能源署清洁煤中心主任首次表示，外三是全球最清洁的火电厂。与世界最严格的火电厂污染控制标准相比，外三的实际排放不到该标准的50%，甚至优于天然气发电。更关键的是，外三并未因此在能耗、稳定性和成本上作出妥协。
>
> 价值：煤是能源安全的基石，但由于人们对燃煤抱有"高污染、高能耗"的成见，火电发展受很大制约。如果"外三经验"被广泛复制，将为国家能源战略赢得巨大的回旋空间。据推算，全国为此约需投入1 500亿元，但之后每年能节省数百亿元的燃煤，并基本消除电厂对PM2.5的影响。

（**执笔**：江世亮等；**核改**：费明钰）

行驶着的现代
城市新风景

上海超级电容车创新发展记事

城市的街道见证了交通工具的更新换代。作为国际大都市的上海,今天的街道上就有一种能够让世人展望未来的交通工具,那就是上海自主研发的低碳环保、令国内外交口称赞的超级电容车。

2000年前,当上海城市建设大量淘汰掉有轨"辫子"电车的时候,相关企业、科技和交通管理部门共同探讨并将开发超级电容车作为交通发展的一个选项。然而,当时没有能够满足车用电容的技术。为攻克这一难题,市科委协调会同交通企业、电容科技企业、整车生产企业等各方面,展开了持续不断的协同创新科研"会战"。

为了让超级电容车成为魔都出行的新风景,为了践行低碳环保的新理念,为了迈出城市交通科技发展新步伐,十多年来,科研攻关联合团队撸起的袖子至今没有放下来。

从2001年研发生产出第一代超级电容器、2002年超级电容器在一辆改装的18路电车上试用,到在11路公交线路上正式运行,再到上海世博会扩大应用、所有超级电容车全面升级,以及近年来走出国门,出口到以色列、保加利亚和白俄罗斯,引起世界各国的广泛关注,各个发展阶段都凝聚着创新主体及其协同各方的心血和汗水!

一位参与超级电客车自主创新的科研工作者认为,国产电动车这次能走出国门,不仅是技术的成功,更标志着上海牵头进行的一项产业创新完成了闭环。

在市科委和交通部门等单位支持协调下,超级电容公交车的研发持续进行,上海公交也专门拿出线路,为研发攻关提供实战验证机会。如今,作为上海原创成果的超级电容车性能不断有新提升,已经成为上海交通科技创新具有国际影响力的亮丽名片。

超级电容客车

时间回到2010年上海世博会筹办之际，人们思考着拿什么来体现科技世博、低碳世博，而且能够有较高显示度。符合国际发展趋势的低碳交通成为必选项目。基于这样的共识，人们开始寻找具体目标。此时，超级电容车因为多年研发和应用技术日趋成熟自然进入大家的视野，被确定为上海世博会新能源汽车军团重要组成部分，为上海世博会增光添彩。

当2014年4月23日美国新能源汽车特斯拉在上海交付之时，人们感叹：继国外传统汽车大举进军中国市场之后，新能源汽车竞争是否又要走传统汽车靠引进发展的老路。此时的一则新闻特别"提神"——诞生于上海、代表国际领先水平的超级电容城市电动公交客车在索菲亚11路一次调试成功，标志着中国新能源超级电容车原创技术走出国门，未来3年，超级电容城市电动公交客车将陆续出口到以色列、保加利亚和白俄罗斯。

总是在关键时刻脱颖而出，超级电容公交车彰显出勇于担当的英雄本色和时代精神，这种精神来自有准备的厚积薄发的上海科技、协同创新联合攻关和系统集成的上海智慧。

电车没有"辫子"照样开

2003年初，《解放日报》上一则"热点：无'辫子'电车大摇大摆行驶于上海街头"新闻勾起许多市民的好奇心。消息的开头是这样说的：

倘若你曾经拥有"电车情结"，以下这则新闻也许会让你释怀和兴奋——电车没有"辫子"也能开了。记者昨天早上在西藏路淮海路口亲眼所见惊奇一幕：一辆166编号的18路电车在进站上客的同时，两根"辫子"突然自动脱离架空电线，本以为是车子出了问题，没想到车门关上后，这辆车竟然开动了，启动速度还很快，就这样一路向前驶去。这不是梦。不过还是"上海试验"……

据了解,申城最多时有近千辆无轨电车。有"辫子"的电车其实蛮吓人的,经常会翘"辫子"。电车是沿着线路开的,机动性也比较差,蛛网式的架空线也难看。

2000年开始,随着上海城市建设步伐加快,许多有轨电车逐渐在城市里消失。在许多电车"被淘汰",不再发展的情况下,什么样的交通工具适合来替代"上岗"?"大家都希望搞一个用电的,但是又不需要线的公交车。因为电车环保,而且有百年积淀,这道风景依然成为上海的城市记忆,失去了很可惜。"据说,1908年,有轨电车开始行驶于当时的外洋泾桥上海总会(今广东路外滩)到静安寺之间,是上海第一条公共交通线路。1914年,上海又出现了第一条无轨电车线路。

基于这样的想法,2002年超级电容车"上海试验"起步。市科委和市交通局结合城市建设和道路状况对新型无轨电车进行研发,目标是实现无轨电车的全线路脱线运行,减少架空网线给城市造成的视觉污染,同时避免由于无轨电车机动性差而引起的交通阻塞现象。

那时候,发展什么样的电动车还没有像现在这样提到议事日程。大家放眼国际,了解到国外正在搞电容汽车。电容和电池不一样,电池是化学反应的过程,它需要充很长时间的电慢慢释放,能量比较大,充一个晚上电能开一两百公里,但是电池不过关。因此,超级电容器开发提到了议事日程。

从外表看,超级电容车与普通无轨电车似乎没有太大区别,只是头上不见了两根"辫子"。其实不同之处在电车的底部。借助底部安装的"超级电容",电车可以通过车顶的充电设备集电弓,从充电站的电缆上实现几十秒"快速充电",然后继续行驶。

电车少了,电池公司就会关停。当时的上海电池公司很有危机感,企业就想开发生产车用电容器。起初是找人家做,从网上了解到哈尔滨某公司电容器技术宣传得很好，于是2000年到哈尔滨买来电容器，改装在18路的一辆公交车上，在没有载人的情况下测试运行情况。但是结果非常令人失望，没有走多久就不行了，趴下了！

电容器的用途很广泛，其中应用在汽车上的要求比较高。它不能再像个杯子一样，水倒进去、倒出来都很快；它要能够快速充电，但又可以有一个较慢的能量释放过程。

那么，上海电车的"辫子"是如何真正摘下来的呢？

因为认识到超级电容汽车是新能源汽车发展的一个方向，市科委非常明确地支持这个项目，大家都希望项目不能半途而废。市科委通过外事部门了解到，上海奥维科技有限公司正在与俄罗斯合作，引进了充电电容器技术（非车用电容器），于是邀请公司经理华黎来参加超级电容汽车研发工作小组会议。

奥维科技虽然没有做过车用电容器，但听了会议介绍的情况积极响应，而且很爽快地答应，根据超级电容公交车开发需求情况，感到企业的创新工作能够和城市交通科技发展的历史使命结合起来，因此，不要一分钱资助配合做出一台车用电容器。这台电容器做出来一试验，比之前买来的电容器性能提高许多，虽然还要频繁充电，无法真正商业应用，但增强了大家对此的信心。

在科委项目资助下，通过研究人员的反复攻关，电容器性能提高很快，后来在改装的166号18路车上进行试验，效果令人满意。市科委和市交通局组织有关专家于2003年1月15日通过了项目阶段性评审。

电车甩掉辫子，替代"上岗"的超级电容器不仅完成了可供运行距离5公里的目标，而且实际离线运行距离超过7.9公里，最高时速42.5公里。司机反映："这辆车启动平、声音轻、行驶稳。"

有评论称，超级电容公交车的试验，表面看是让无轨电车重获生机，而其内涵是上海人追求高质量环保生活的一种表达。

创新铸就卓越之城
上海城市建设与可持续发展成果背后的故事

上海市街头交通一景

给创造性工作持续加热

城市公共设施的升级换代,需要政府投入和科技工作前瞻性布局共同发力,使之可以适时提供强大的科技支撑。然而,科技管理部门资金投入有限,而且立项需要较长的过程,这些与城市建设发展的紧迫性产生矛盾。这种情况下,如何牵头引领社会各方力量推动城市建设工作呢?

眼下,作为民营企业的奥维科技公司表态"无偿做",为支持电容公交车研发"不要一分钱"做出车用超级电容器。但是,接下来不可回避的是需要花很多资金去投入科研。政府助推和市场引领二者的作用必不可少。奥维科技公司的股东以前没有把车用电容器作为主要攻关方向,如今他们同意扩大生产线、引进专家、上测试分析设备。

可是,这哪里是一家能够完成的事情!这项工作从改造一辆18路旧车起步,下一步是要改造组装一个新车,然后在公司门口做试验。后续还要合乎规范地开展公交线路上的试运行,这些没有整车生产厂的加入不行。市科委及时协调,找到整车生产企业上海申龙客车有限公司,让有资格和能力的整车生产厂家作为项目开发牵头单位。

从开始的利用传统产品比较粗糙的改造,到后来打造出一个全新的车辆,期间需要大量协调工作。因此,超级电容公交车项目工作组会议一再扩大:把整车生产企业请来了,把奥维科技和公交公司请来了,还有汽车控制系统研发单位等各方面都来了,五六家单位、十几个专家聚会,大家求同存异,约定为了共同的目标分工合作开展攻关。

这是一次有温度有情怀的创造性工作。由于当时市科委项目资金很有限,工作常态是通过感情联络促进事业升温。有关政府部门在给自己工作"升温"的同时,也要给周围的创新者升温,让创业团队激情不减。正因为创新不容易,更要给动脑筋创造条件,推动创新。因此,为了让超级电容公交车项目能够"在家门口做了一个示范田",当年参与这项工作的企业家们采取"AA制",不惜自带干粮过来一起做——自带变压器、自带电容、自带车子……

创新相当不容易,缺资源少资金的情况下,必须动脑筋创造条件推动创新。超级电容公交车项目"自带干粮在家门口做了一个示范田"!

协调工作的重要性还体现在外部的协调上。一辆车在大家的努力下短短几个星期就诞生了,接下来要为试验协调土地、电力、规划、绿化等许多部门,批执照,拿"通行证"……

2002年,一辆超级电容车可以在马路上开起来了,但这时候不是以载客为目的,主要是让它动起来,测试它的性能。包括积累车辆的维修、保养、运行的经验。2003年,在市科委资助下已经有3辆车做出来。

快到11月中国国际工业博览会举办的时候,经过与国际会展中心反复沟通协调,同意用超级电容车从龙阳路车站到工博会会场免费运送参展者和参观者。就这样,超级电容公交车有了载客试验的机会。

2004年的一次工作会上,与会的交通部门领导认为这个项目有发展前景,但是需要经过公交实战演习。公交哪里去找?城市里电车越来越少,最好找一条路线不是太长,还是一个闭环的线路。因此,两站间隔5公里左右的11路被选中。这条路属于老城厢,人行道比较窄,如果装充电站会影响周边的人。

2004年9月开始运作,做车体、做电容、做控制器……克服了技术力量不足、设计和试验能力不强等许多困难,直到2006年8月28日,终于生产出10辆超级电容公交车。后来,这10辆车通过在11路公交线路上运行,技术得到进一步改进和提升,"超级电容公交车中试及推广应用技术研究"也通过了专家组验收。

这期间,经常与市科委打交道的整车生产厂经理很感慨:"市科委的那些人不像机关出来的人,有点像从企业出来的,快言快语,很有股子冲劲!"技术创新往往是一个艰难的过程,要把相关各方面都拉进创新团队,或者能够为创新提供必要的条件,想想看当时都没有地方做这个事情。而且这是通过市场牵引来推动城市建设,不是已经有了成熟技术,而是选定了一种技术需要在应用中不断创新,不断提高它的性能、安全性,通过科研和扩大产业规模等方法来降低成本。在这个过程中,如果稍松懈一点就没有今天的超级电容汽车产业技术的成功了。有关人员回忆当时的情景无不感慨。

掉"辫子"不能掉"链子"

建立容错机制,对待创新创业者要包容……这些话说起来容易而且动听,但是做起来很难;说好的宽容失败,到时候就难讲了。在这样的现实环境下,科研人员的勇敢担当难能可贵!

11路是上海公交中途经风景最有历史感的一条环线:从黄浦区老西门出发,环绕豫园老城厢一周,再回到老西门。一路沿着人民路、中华路行驶,沿途所见多是古色古香的建筑。2006年8月28日,11路开始投入超级电容车运行,这也是世界上首条商业化运营的超级电容城市客车公交线路。当日举办的通车授钥匙典礼轰轰烈烈,电视台、报纸等多家媒体都作了正面宣传报道。

可是好消息没有让人高兴多久,一则《上海超级电容车仅剩2辆"在岗"》的新闻就如一盆冷水兜头泼来。报道说:"9月4日,11路超级电容车正式上路已满一星期,当初全线投入运营的7辆电容车如今只剩2辆还在运行——其中一辆还是刚经过改装的……"

事出有因。八九月份正值上海高温、高湿天气,由于开发生产汽车的经验不足,超级电容车上路后不断短路。每一个能量转换器除了转化电力,还要转化热量,所以转换器需要有散热功能;而刚上11路的超级电容公交车缺少这个散热功能。此前的试验一直如同"演习",时间不够长就没有发现这个问题;这次是不间断高密度运行"实战",从早上5点钟开始一直开到晚上11点钟。

超级电容车怕热不能"耐疲劳",在运行过程中趴在马路上不能动了,这个问题引起了社会轰动,引来众多媒体采访报道。

好事情大家都愿意来"沾光"喝彩。一旦发现问题了,大家都要"拍砖"了。你们为什么不把成熟的东西放上去?为什么首次就放这么多的车子?……不同角度的各种难听话都会冒出来。

这时候换谁都会压力"山大"啊!这些车子怎么办? 10辆车一辆一辆趴下被拖到厂里,电视台记者扛着摄像机就跟在后面。在厂子外面各个角度拍里面的一举一动,然后晚上新闻就播出来了。负面新闻轰炸,从短小的"新闻报道"到做"新闻透视"专题。

这个小案例说明,大家还缺少对科技创新的认同与包容。也许人们没有意识到这不利于持续创新,不利于让更多人支持创新,更不利于吸引更多人投入创新工作。有人会想:"我做好了没有奖金,但是做得不好压力太大。弄不好得不偿失,何苦!"甚至家人都会因为跟着担惊受怕而反对继续创新。

"技术创新和市场推广都是很难的事!"上海奥威科技开发有限公司、国家车用超级电容器系统工程技术研究中心售后总监胡宁彪仍记得当年电容车在11路上的运营有多艰难。"主要难点在于技术上的成熟度及经济方面的可行性。"他表示,"对科技创新要有'容错机制',奥威的研发也是一步步做过来的。"对公交企业来说,使用新能源汽车,存在价格高、技术不成熟、维护保养昂贵等诸多风险因素,因此难免积极性不高。当初11路试用的时候,技术上的不成熟不单单表现在高温天的散热,还有整车续驶里程较

上海街头超级电容车一景

短的问题。按照当时电容器的能力,电容车充满电"一口气"只能跑三四公里,而11路环路一圈的行驶里程是5.5公里,因此电容公交车必须频繁利用中途停站补充电能,用空调耗电量大的时候,甚至要在站头停靠几分钟充电,影响效率。

好在这个项目的主要创新者都是"抗压人",是执着的创新创业者。他们把一辆辆车拉回去检查、维修、改进,努力变坏事为好事!

公司经理华黎钻到车子里查看情况,头被撞出个大包,后来几天都是带着绷带继续工作。他经过全面检查发现,生产过程也没有按照规范操作,有些布线都是临时性的,处理得很随便,如果线路掉到水里很有可能引起断路。

该修改的修改,该重新做的重新做。需要根据实际情况安装风扇,需要一个通道设计解决安全问题,需要摸索出电容车空档的独特设计问题……这是一个体系和系统,搞科研一家不能完成,整车生产企业、关键部件企业、控制系统设计企业,各方面人员要融为一体。

那时的工作可以说是在反复争吵和不断协调中度过。协调者的责任在于不能让吵架发酵,要让大家拧成一股绳成就创新创造。

而为了保证超级电容车的品质,华黎重新找专家来修改完善一些零部件并申请了专利,做到质量好、安全、高效、价廉物美。在实践中发现问题、解决问题,这些经历都为后来制定超级电容公交车标准奠定了坚实基础。

距离此次新闻事件10个多月后,由上海市科委组织召开的"超级电容公交车中试及推广应用技术研究",即上海11路超级电容公交车项目验收评审会认为,上海11路超级电容公交车共10辆电车,经过10个多月的运营,经历了高温、严寒天气,复杂路况等考验,经过了25万余公里商业客运,情况良好。平均能耗为0.98千瓦时每公里,平均能量回收率达到20%(最大能量回收率≥40%),达到预定指标,部分技术指标甚至超过设计要求。

专家委员会表示:"超级电容器公交车系统具有技术先进和经济实用性。

在上海11路的示范运营实现了与无轨电车共享供电系统,减少了资源浪费与重复建设。经过10个月的运行,节能与环保效果明显,积累了大量的数据与经验,为我国城市公交的可持续发展提供了一种全新的运营模式。"

专家委员会评价:"该项目总体上达到了国际先进水平。"会议建议,项目组进一步优化车辆系统,尽快完成相关标准的制定工作,强化政策支持,进一步扩大运营范围。项目组9个单位共同参加了此次验收工作。

到2016年,11路超级电容公交车已经跑了10年,成为全球历时最长的电容公交车商业化线路。

不仅环境友好的超级电容公交车技术创新需要友好、包容、厚道的社会舆论环境,其他科技创新同样需要。在尊敬创新创业者的同时,也要深刻认识到鼓励创新、宽容失败的重要性。从某种意义上说,如果不宽容失败,不能够为创新者营造良好的舆论氛围等有利的环境,就是在支持不创新,在做于创新驱动发展背道而驰的事情。

过去相当一段时间,产业界个别人对创新提不起兴趣。一些人习惯于享受引进、消化吸收得到的甜头,对大部分利润被国外拿走的情况视而不见;什么追赶、并跑和领跑啊,这些好像都事不关己,甘愿就这样没出息地跟在人家后头,毫无发展的眼光与远见!

从世博会用车到走出国门

2010年上海世博会筹备期间,10辆电容车在11路已经运行4年。这时候,大家特别希望把电容车推荐到世博园区里,主打交通工具零排放理念,加上燃料电池汽车等,形成千辆新能源汽车组合,向世人展示上海对新能源汽车的态度。但是,由于前期运营中出现的状况,参与各方以及社会一些方面对这个事情有些担忧。

然而,尽管上海世博会交通方案中确定的是装有轨电车,但是科技界极力要求让电容车进入世博会园区。理由是:有轨电车固然好,但是上海城市1907年就有了有轨电车,从那时起到2008年正好是100年,100年以后的世博会还准备用100年以前的交通技术么?这恐怕会让搞技术的人无地自容,而且这个技术是外国人发展起来的。

能不能用自己国产的车子?用上海的新技术?为此,大家全身心投入,靠热情、激情、真诚和担当精神去感动"上帝",尽管深知这要肩负一定的责任和风险。通过运行规范性、技术成熟度、用户满意度等考察,通过化干戈为玉帛、化反对为赞成等许多努力,更是因为有了前期11路大量运行实践,后来终于将电容车纳入上海世博会交通用新能源车的队列中。

电容车经过维修改造依然在11路上运行,问题也慢慢地少了。大家心情平稳下来,开始筹备上海世博会园区交通的事情。世博园里的超级电容公交车线路建设也非易事,做这个事情涉及的部门很多,市政、交通、绿化等,需要这些部门都同意,必须一个一个去联系办手续。

上海世博会举办期间是5月1日到10月31日,世博会的交通强度比11路还要厉害。世博会开始的5月份天气比较凉快,但是世博园里开超级电容汽车都像开火车一样,一刻不停,车上人满了就要开。这样的情况下,电容器容易出现11路上出过的问题。由于11路运行强度没那么高,通过技术处理和装风扇就好起来,但在世博园里运行强度太大,因为大家是搞电容器的,不是搞电容系统的,对电容车没有完整解决方案,只能在实践中不断摸索。为了保证上海世博会交通正常运转并且零排放,采取了多种措施来解决问题。

上海世博会是全球规模最大、品种最全、乘客人数最多的一次新能源汽车的集中展示。当时在世博园投放了1 100多辆国内新能源车,包括燃料电池的、纯电动的、混合动力的,这其中就包括61辆超级电容车。

如果当时你坐过世博园区内世博大道线,每天持续不停平稳载客的就是超级电容车。在184天会期中,这些超级电容公交车长期处于超载、超时和超频的"三超"状态,但是它们不辱使命,不负众望,经受住了高温、高湿等严苛环境考验,到世博会闭幕创下安全运营120万公里的奇迹。

这一示范也为电容公交车的商业扩容创造了条件。世博会结束后,从世博大道线上退役下来的电容车有了"新家"。2010年11月,26路开始使用超级电容车,由于当时只更换了部分车辆,线路上电容车和柴油车一起使用,还出现了车队司机抢着开电容车的情形。

企业是创新的主体,创新的驱动力来自市场需求引领。"市场有需求,但你提供的东西质量还不太过关,就逼迫你提高技术和产品的品质"。如今,上海电容车的电容器能量可以做得跟电池一样,而以前功率只是电池的十分之一。

"新一代超级电容公交车改掉了过去的种种缺点。从真实运行状况来看,它是目前最理想最能跑的纯电动新能源公交车。"亲身参与超级电容车运营全过程的胡宁彪说,"新一代超级电容车晚间不用回厂充电,仅利用靠站的几分钟充电,即可全天候连续运行,这是锂电池纯电动客车无法比拟的。在线运营的35辆超级电容车全部升级为第二代后,每天上岗18小时,利用碎片时间充电,开足空调能跑近200公里。运行1年来,即使盛夏高温天里也没出现过问题,而其安全性、经济性和舒适性又有了极大提升。"

车用高能量超级电容器是奥威研制成功的自主创新产品,代表最前沿技术,达到了国际领先水平。其特点包括充电速度快(充电10分钟可达到其额定容量的95%以上)、使用寿命长(深度快速充放电循环使用次数可达50万次)、功率密度高(相当于电池的5~10倍)、工作温度范围宽(−30~+50℃)、环保节能(免维护、没有二次污染)等。目前,奥威公司已申请超级电容器相关的国家专利63项,其中发明专利占一半以上。

如今,装有奥威超级电容的商业化运营城市客车已累计安全行驶1 200多万公里,载客超过1亿人次。西门子公司的一位高管评价,上海超级电容客车的技术水平比欧洲领先10年。

在这个不断研发投入的过程中,公司其实并不赚钱。为此,他们想办法把电容技术拓展用于石油行业柴油机等生产领域,用其他方面的收入反哺创新工作。上海世博会闭幕后,26路上应用了超级电容公交车。与此同时,大家还想进一步推动其应用和发展。

是金子总会发亮。许多老外越来越青睐上海研发的电容车。世博会期间,超级电容车受到以色列人的关注,他们持续跟踪考察,并与华黎有多次交流;而很多美国人,还有北京等国内各地人也在看,也来谈引进合作事宜。

2014年4月23日,就在美国电动汽车特斯拉"高调"敲开中国市场大门之际,国产超级电容城市电动公交客车在保加利亚首都索菲亚11路公交车一次调试成功,这标志着诞生于上海、代表国际领先水平的超级电容城市电动公交客车成功登陆欧洲。由此为发端,国产超级电容城市电动公交客车陆续出口到以色列、保加利亚和白俄罗斯,成交额约2亿美元。

2016年5月,奥威公司的车用超级电容产业化应用项目落户中国——白俄罗斯工业园。通过与白俄罗斯BKM机车厂合作,沪产超级电容系统将搭载到BKM客车,作为电力驱动装置。一期工程2016年11月主体工程竣工,2017年建成投产。投产后将形成年产超级电容单体100万只的生产规模,并具备产品研发、组装、测试、维护服务等功能,满足当地的节能环保需求。据悉,明斯克市政府已决定采购20辆中白合作生产的超级电容快充公交车,已于2017年底在明斯克体育场至火车站公交线路上运营。2016年,又有5辆超级电容公交车已从上海运往以色列第二大城市特拉维夫,为当地公共交通服务。

研发团队在白俄罗斯考察超级电容车的运行情况

2016年9月,以色列特拉维夫M5路和塞尔维亚贝尔格莱德的超级电容公交示范线先后投入运营,图为运行在贝尔格莱德街头的超级电容公交车

3辆高能量超级电容城市客车在临港进行示范运行,性能稳定,可靠性良好

业内人士表示，超级电容城市电动公交客车代表的不仅是上海新能源汽车的技术和产品，更重要的是一种环保理念和服务。除了车产品本身之外，上海还主持了该领域一系列技术标准的起草，其中包括《车用超级电容器》《超级电容电动城市客车》《超级电容电动城市客车供电系统》等，同时还包括公交运行和商业服务模式。这一系列标准和服务模式不仅陆续升级为国家行业标准，而且顺利通过以色列、保加利亚等国家标准化委员会的评审，成为这些国家的行业标准，为中国新能源汽车进军欧洲市场开辟道路。

有专家表示，新能源汽车将是国内车企打翻身仗的契机。特斯拉"高调"入沪、上海超级电容公交车"低调"出国，表明国内新能源汽车技术已经能够与国外的同类技术同台竞技。不过，国产车企还应进一步整合资源、提升技术研发强度，在国际范围内打造具备顶级品质的自主品牌新能源汽车。

而华黎、胡宁彪他们更希望看到的是，超级电容公交车在上海更广泛地推广应用，尽管西门子的工程师称欧洲在超级电容公交车领域的技术比上海落后10年，尽管日本《读卖新闻》也报道了奥威公司的超级电容技术。

在同济大学校长助理、汽车学院院长余卓平看来，超级电容作为车载动力电源，优点还是很明显的，例如：功率密度比其他电池大；寿命十倍于锂电池；集放电功能强，刹车时可回收更多能量，等等。

"在上海，利用原有的无轨电车设施、电车架空线等发展超级电容车，是不错的选择。"在胡宁彪看来，在人口密集、线路较短、又具备充电条件的市中心，超级电容车作为公交车非常适用。

特别是在当下，各种技术路线没有绝对的好坏，只有谁更适合。超级电容涉及的电容、电机、电控技术，与其他新能源汽车的技术改进都是相通的，超级电容技术已经做到全国最好，应用还可以"沿路下蛋"，拓展更多衍生应用，如用作高铁、无人机、电梯、隧道车、港口机械等的储能单元。

回顾上海车用超级电容技术的发展，这个创新团队的科研人员普遍感到，这些年来，项目牵头单位如果没有一种定力，核心创新者没有一种执着精神和干劲，带领大家持续推进科研开发，这个事情没准可能哪一天就不了了之了。

与此同时，搞科研不是这么容易，要换位思考，要理解，要宽容，要包容，不是所有人都合适搞科研。科技创新要有一点忘我的精神，要有一种追赶的精神，要有一种领先的精神，要有一点唯我独尊勇气。这也是现代国际大都市上海的街道上行驶着的超级电容车精神气质。

相关链接

超级电容又叫双电层电容，从结构上来看，其与电解电容非常相似。简单来说，如果在电解液中插入两个电极，并施加一个电压，这时电解液中的正、负离子在电场的作用下就会迅速向两极运动，最终分别在两个电极的表面形成紧密的电荷层，即双电层。

电容的大小取决于电极表面积的大小和两个电极间的距离。传统电容器的电极表面积就是导体的平板面积，为了获得较大的容量，通常都将导体材料卷制得很长，有时用特殊的组织结构来增加它的表面积。同时传统电容器用绝缘材料来分离它的两个电极，一般为塑料薄膜、纸等，这些材料也都要求尽可能地薄。

超级电容的电极表面积是基于多孔的碳材料，该材料的多孔结构使其表面积非常大，而且超级电容的电极间距离是由被吸引到带电电极的电解质离子尺寸决定的，该距离和传统电容的薄膜材料所能实现的距离更小。这种庞大的表面积，再加上非常小的电极间距，使得超级电容较传统电容而言有着惊人的静电存储容量，这也是其被冠以"超级"的重要原因。

电容的基本作用就是充电与放电，但由基本充、放电作用所延伸出来的许多电路现象，使得电容有着更丰富多彩的用途。在一般的电子电路中，常用电容器来实现旁路、耦合、滤波、振荡、相移以及波形变换等，这些作用都是充、放电功能的演变。而根据超级电容的种种特性，其更多地被应用于能源领域，通常被作为电池来使用。

（执笔：上海科技报社王阳）

迈向绿色出行
"终极目标"的上海方案
上海氢能源燃料电池车发展纪实

作为上海世博会科技显示度最高的项目之一,新能源汽车中的氢燃料电池汽车因高科技和零排放备受社会关注。

氢能具有高效率、来源丰富、用途广泛的优势,可以在3～5分钟内给电池灌满燃料,被视为"未来能源"。燃料电池汽车以燃料电池发电作为主要能量源,是通过电机驱动车辆行驶的汽车。其动力系统主要由燃料电池系统、储氢系统、驱动电机、动力蓄电池等组成。与传统动力汽车及纯电动车相比,氢燃料电池汽车动力能效高、噪声低、续航能力更强、零碳排放,被国际公认为电动汽车发展的终极目标。然而,因其能源是氢,相关科研和管理人员最怕出安全问题。

自从2000年氢能源汽车被列为市重大科技攻关项目,上海市科技界就开始了相关课题研究。从2003年"超越一号"氢能源燃料电池轿车问世,到2006年,首辆燃料电池公共汽车——"创新一号"氢燃料电池大巴驶上申城街头;从2008年十余辆氢燃料电池大巴服务北京奥运会,到上海世博会196辆燃料电池汽车的运行服务,经过不懈努力,上海给出了氢燃料电池汽车研发解决方案,为中国新能源汽车发展做出贡献。

燃料电池城市客车

配合国家战略跟进落实

中国燃料电池车发展历史上必将记下这一笔：两个"一号"来自上海。

同济大学于2000年率先成立了新能源汽车工程中心，目标是在上海国际汽车城建设一个国家级的新能源汽车工程技术研发中心，研究开发出具有中国自主知识产权和品牌的新一代轿车平台，并促进技术成果的产业化，进而形成中国汽车工业的新增长点。

2003年8月7日，我国首辆燃料电池混合动力轿车"超越一号"奔驰在位于上海市嘉定区的同济大学校园，接受科技部验收。这辆貌不惊人的轿车安装的是我国自主开发的燃料电池动力平台，可在各种汽车身上通用，标志着我国燃料汽车发展的里程碑。

坐进我国第一代燃料电池混合动力汽车样车"超越一号"轿车，发动时车身经过数秒的轻轻抖动，轻松加速到时速80公里。此时，坐在快速行驶的车内，平稳得好像从冰面上滑过。转向、制动，都比传统汽车更灵活、更自如。

"超越一号"的方向盘、仪表盘等设备，从样式到操作，都与传统汽车极其相似。而它的空调、转向助力、制动助力三大辅助系统，却全部采用电力驱动。传统汽车的空调靠发动机带动，因此只要使用空调，就必须开发动机，产生大量废气。而燃料电池汽车使用电空调，即使关闭发动机，空调也能照常使用，比传统汽车空调节能50%左右。电力驱动的转向、制动助力系统也都可节能。如果把这套电助力系统搬到传统汽车上，每公里可节省汽油0.5～0.7升。"超越一号"最高时速达每小时110公里，可连续行驶210公里。在燃料电池汽车领域，它大大缩短了我国与世界先进水平的差距。

燃料电池是我国国家重点科技攻关项目，科技部和上海市科委从其发展初期就十分重视并给予支持，国家和上海市投入大量资金和人力从事研发工作。2003年市科委就开始立项研究"燃料电池发展及对策"。从那时起一直到今天，持续不断牵头并资助相关研究。课题报告认为，燃料电池汽车作为新能源汽车的未来发展方向，符合未来氢能经济及可持续发展的要求。因此下一代燃料电池相关技术及燃料电池系统集成技术的研究符合国家的发展及利益需求，其开发成果能够为燃料电池的车载应用进行进一步的研究和探索，具有极其重要的战略意义及实际应用意义。

2006年6月，国家863燃料电池轿车专项团队联合研制的我国第二代燃料电池轿车"超越二号"，在上海成功进行公开试车，人们由此看到了国内汽车业在自主研发燃料电池车领域里的实力。

2006年4月5日，"创新一号"的氢燃料电池大巴刚参加完亚洲客车展，又在上海交大闵行校区亮相，接下来在奉贤和市区之间示范运行。该车由上海神力、苏州创元集团、上海交大和苏州金龙汽车公司联合研制。

"创新一号"高耸的"额头"十分醒目。这里不仅安装了客车常规的空调等设备，还藏着动力源泉——储氢罐。该车在金龙新型高档城市客车的基础上，改变原有的燃油系统，在车顶上装配了9个储氢罐，使用燃料电池发动机驱动汽车。其额定功率达到100千瓦，最高时速可达90公里，最大的续驶里程超过300公里，可以承载35名乘客。

这辆车完成从"食"油到"喝"氢的"脱胎换骨"，直至整车出厂，总共不到3个月，远快于以往新车的研发速度。由于该车的燃料电池、电动机和动力控制系统采用一体化设计，大大缩短了装配时间。

政府支持的科研项目始终伴随着燃料电池车的开发过程。2011年，由同济大学承接的市科委立项课题"高性能车用燃料电池辅助系统应用研究"，产生了4项专利、8篇论文，更重要的是还培养了一批专业人才。课题成果对上海和我国燃料电池的加速发展，在管理部门和有关研发机构都具有重要参考价值。

2012年，依托上海新源动力有限公司，市科委立项"燃料电池发动机用气——汽换湿型膜增湿器的开发"；依托上海普天邮通科技股份有限公司，开展了"燃料电池增程式纯电驱动城市邮政物流车关键技术研究及示范应用"研究；依托上海汽车集团股份有限公司，开展了"零下10℃低温启动的燃料电池系统技术研究"工作。

项目成果包括：燃料电池系统的功率密度、寿命、可靠性和成本有较大进步。新技术、新产品、新装置用于上汽开发的燃料电池系统，实现零下10摄氏度低温启动，在国内是第一次，是中国第一代面向产业化的燃料电池系统产品。推动20套级别燃料电池系统组装生产线建设完成并投入使用。

研究成果获得授权专利8项，其中发明专利5个，软件著作权1个、论文8篇。制定了企业标准2项：一是燃料电池系统测试标准，主要规范燃料电池性能测试、寿命测试方案；二是燃料电池汽车氢系统检测规范，主要规范燃料电池汽车氢气系统检测方案，以确保车辆氢安全。人才培养方面，形成了一支可以自主开发面向产业化的燃料电池系统团队。

2014年，由上海新源动力有限公司承担的"车用燃料电池金属双极板及高效膜电极技术研究与开发"课题，目标是形成高性能超薄金属双极板高精度制造的关键技术，开发低铂高性能车用燃料电池膜电极制备工艺，建立燃料电池车载工况快速寿命评价方法，为"十三五"燃料电池汽车商业化推广提供技术支撑。项目获得授权专利12项，其中发明专利8项，发表论文14篇。

多部门多项政策聚焦燃料电池汽车发展。为了加速燃料电池汽车的产业化研发进程，在上海市经委的支持下，研发团队开展了"超越三号"燃料电池轿车10万公里可靠性试验工作，考核整车和零部件的可靠性、耐久性，检验整车动态机械强度，检测深层次系统和部件性能，优化整车和各总成控制系统，研究提取纯氢气的办法，提高燃料电池汽车的开发能力和产业化水平。

同时,本市第一个车用氢气加注站也在嘉定国际汽车城建成并投入使用。

上海世博会再上新台阶

"一切始于世博",上海科技人也希望新能源汽车发展能够在世博会上有一个全新的开始。2008年,上海有十余辆此类新型环保车组成示范车队,服务北京奥运会。而2010年上海世博会上的196辆燃料电池汽车中,已经有燃料电池轿车、燃料电池公交客车、燃料电池观光车3种车型。

世博会应用氢燃料电池车,一个重要的工作是要建设加氢站——燃料电池汽车的"食堂"。燃料电池汽车是以燃料电池发电作为主要能量源,其最大的优点是零排放;第二个优点是效率高,比现在的汽油机、柴油机要提高一倍;还有一个优点是纯电动车比不了的,它可以快速加注能源,三分钟可以加满一罐子氢气,然后可以跑500公里。

一旦燃料电池汽车普及,就需要在居民区周围建造加氢站。目前,全国只有3个加氢站,上海2家(分别在嘉定汽车城和世博园内),北京1家。据安亭加氢站工作人员介绍,我国的燃料电池汽车加氢技术设备已经实现全国产,且两辆移动加氢车每晚可为世博园区内100辆燃料电池车进行能量补给。

我国燃料电池汽车自"十五"被列入电动汽车"三纵三横"发展框架以来,经过十多年的积累,在整体上取得了突破。"中国燃料电池汽车,目前已基本掌握了整车动力系统和关键零部件的核心技术。"国家"千人计划"专家、同济大学教授章桐表示。

在产业化方面,《中国制造2025》明确提出,到2020年要生产1 000辆左右的燃料电池汽车，并进行示范运行。2025年，制氢、加氢等配套要完善，燃料电池汽车可实现区域的小规模运行。这意味着中国燃料电池汽车要与世界潮流同步。

不过，业内专家也强调，解决技术问题仍然是中国燃料电池汽车的长期任务。同济大学汽车学院院长余卓平认为，可靠性和成本问题是制约燃料电池车发展的关键因素。当前产业存在燃料电池系统开发成本高、可靠性和耐久性低、供氢系统成本高、核心材料及零部件依赖进口等问题。

"国外已经过了技术关，下面是成本和加氢站等基础设施的解决。国内仍然面临着一些技术问题。"在章桐看来，中国燃料电池汽车产业化的推进，要立足电动汽车动力系统共性技术及零部件产业链，聚焦燃料电池关键核心技术，实现低成本、高可靠性，长寿命。在车型开发上，从更易产业化的商用车切入，乘用车跟进，示范和小规模产业化并举。

在众多服务上海世博会的新能源汽车中，燃料电池汽车实现了对燃油的完全替代，并因为零排放、效率高、燃料来源广等优势而被认为是未来汽车工业可持续发展的方向，是解决全球能源问题和气候变暖问题最理想的方案之一。

多年来，市科委牵头开展了氢能源汽车系列研究工作。如"面向世博的新能源汽车技术验证规划与设计"等。上海清洁能源科技研究中心有限公司承担的"世博新能源汽车应用规划、燃料电池汽车示范运行保障及技术经济评价"研究报告认为，世博新能源汽车示范运行取得了巨大成功，在国内外引起强烈的反响，不仅实现了园区公共交通"零排放"、周边公共交通"低排放"的目标，也起到了极佳的宣传、展示、教育公众等目的，对推动新能源汽车产业化、城市公共交通领域节能减排等具有重要意义。

专家认为，取得巨大成功主要取决于以下3个方面：一是中央与地方两级政府为体现2010上海世博会"城市让生活更美好"主题，实现园区公共交通"零排放"、周边"低排放"的决心；二是我国在新能源汽车近10年的技术研发积累，世博会提供了展示技术的机遇和舞台；三是参与世博新能源汽车示范的团队通力合作，形成强有力的运行保障机制。

世博燃料电池汽车示范运行情况令人满意。燃料电池公交客车在园区内国展路线运营，鉴于车辆主要为试验和数据采集，每天上午9点进园下午3点出园，世博期间6辆燃料电池公交客车VIP接待45次，共行驶26 261公里，载客106 040人次。总加氢量2 574.19千克，加氢车辆295次，单车每百公里氢耗11.78千克，车辆出车完好率达99%。

90辆燃料电池轿车入驻济阳路基地和嘉定基地，主要负责贵宾的接待，世博会期间：共行驶329 686公里（含前期试运行），接待VIP 5 347人次。总加氢量3 005.59千克，加氢车辆3 324次，单车每百公里耗氢2.05千克。

100辆燃料电池观光车作为世博会专用观光车，主要在园区内高架步道及北环路运行，承担了园区内公共交通的重要任务，每天运行时间为8：30～22：00，世博会期间：共出车14 976次，行驶583 149公里，载客1 719 025人次。总加氢量7 602.966千克，加氢车辆15 251次，单车每百公里耗氢1.375千克，故障499次，车辆完好率95%。

专家研究认为，从能源结构方面考虑，氢气的主要来源是从水中裂解或天然气重整制取（特别是利用水、太阳能、风力、核能发电电解更为清洁环保），或是各种工业的副产品。地球上水资源极为丰富，且氢气燃烧后又生成水，形成资源的循环使用。

从全生命周期（WTW）来看，如果使用天然气制氢方式，燃料电池汽车效率是普通汽油车的3倍以上（数据来源：本田汽车）；如果使用天然气制氢方式，燃料电池汽车CO_2排放比普通汽油车降低70%以上（数据来源：丰田汽车）。若是采用工业副产氢气，那么燃料电池汽车CO_2排放、使用成本等将会大大降低。在使用方便性方面，与传统汽车相同。

但由于燃料电池技术还不是很成熟，产业化应用需要在技术方面实现进一步突破，如可靠性、耐久性和环境适应性等尚需进一步提高，另外需要系统的建设相应的配套基础设施，如氢气制取、储存、运输和加注等。目前，燃料电池汽车在城市公交方面的应用是其实现产业化的突破口，同时可以大大改善城市大气环境。

开着一辆加氢装置的汽车是否安全？余卓平表示，燃料电池的外部被碳纤维包围，爆破压力需要1 000多公斤，"如果你对着普通汽车的油箱开枪，会着火然后爆炸，但是你对着燃料电池开枪，首先碳纤维外表会裂开，但内部随之开始降压，造成氢气外泄，氢气会上升，逐渐离开汽车打火装置"。在安亭加氢站，每辆燃料电池车在进行加氢前先要做一个"身体检查"，工作人员将便携式检测仪放到加氢口，检测该车是否有氢气泄漏情况。

面对新能源汽车高速发展，纯电动汽车和插电混动无疑是市场的"宠儿"。而同属于新能源汽车的燃料电池汽车，发展状况却截然相反——燃料电池汽车的发展几乎停留在原地。根据机动车整车出厂合格数据，2015年国内燃料电池汽车产量仅10辆。

据了解，目前国内拥有燃料电池汽车技术的企业就是上汽集团，上汽集团也是国内新能源汽车产品技术较全的车企。这仅有的10辆电池汽车是哪家企业生产的也就不言而喻了。

上海氢能利用工程技术研究中心副主任张存满表示，从2016年开始，全球氢燃料电池汽车正式进入普及阶段，并预计将在10年内实现商业化。

上汽集团从2005年就开始了新能源汽车的投入。据上汽集团前瞻技术研究部先进能源系统总监陈雪松介绍："上汽在新能源方面制定规划了三大能源系统，分别为纯电动、混动、燃料电池，即短期内发展混合动力汽车和纯电动汽车，中长期打造燃料电池汽车。"

2000年，上汽第一次接触燃料电池汽车，与通用及泛亚一起开发凤凰燃料电池汽车。2008年北京奥运会上,上汽集团与同济大学共同开发了20辆燃料电池汽车作为赛时公用车。2010年上海世博会上,上汽集团更是提供了40多辆氢燃料电池汽车作为大会公用车辆。

在2014年北京车展上,上汽集团还推出了其第四代燃料电池电动轿车荣威950Fuel Cell。在国内其他车企都专注于研发纯电动和混动车辆的时候,先人一步在推出纯电动、混动的同时,推出氢燃料电池汽车,在氢燃料电池领域先人一步。

荣威950Fuel Cell是基于荣威950平台打造而来,但又并不是传统意义上的氢动力汽车。它搭载有动力蓄电池和氢燃料电池双动力源系统,整车续航里程可达400公里,并能在零下20摄氏度低温下正常启动。

放眼世界,上汽集团并非唯一在氢燃料电池汽车领域早早布局的企业,日本的丰田、本田和日产,德国奔驰、韩国现代也早已做出相应规划。

对氢燃料电池汽车未来的发展也有不同声音,特斯拉CEO马斯克认为,电动汽车应成为未来汽车的最佳替代能源。而时下,丰田把风向标指向氢燃料电池汽车,必有其战略意义所在。

氢能源汽车的上海探索

现在,各国寻找新能源不再是科幻小说里的故事情节,而是一场实实在在的竞赛。中国每年为进口石油多花几千亿元,这笔支出对个人和国家都是一个不小的负担。更让人担忧的是,今后石油只会越来越少,可汽车只会越造越多,如果继续烧汽油,一场能源危机不可避免。

油价的节节攀升正在演变成一场"石油战争",如何摆脱高油价的"挟持"？如何挣脱利益集团的"绑架"？氢能源不仅清洁环保,更具备取之不尽、可以循环利用的优势，不仅对于解决能源危机可以提供帮助，在遏制气候变暖方面同样可以发挥作用。

氢燃料电池汽车作为世界汽车界公认的尖端汽车技术，目前，美国、加拿大和北欧一些国家都制定了氢能高速公路计划，将在高速公路上建立加氢站，让氢燃料电池汽车可以到达不同的城市，而在美国，一些氢燃料汽车已经达到了联邦机动车辆安全标准的认证，并且开始进入城市。

尽管氢燃料电池汽车已经通过了严格的测试，但它目前还不能驶向上海的街头。最现实的一个问题就是牌照问题，由于燃料电池汽车没有列入国家公告目录，因此目前还不能办理牌照。

可是氢能替代传统能源，首先是它必须获得国家的支持，只有得到了政策的扶植，氢能才可能成为新的"源头"；其次它必须与相关产业的升级进行磨合，给机械、汽车等行业以更新换代的充裕时间。最重要的是，它是一场观念的革命。只有使更多人了解到氢能的好处，才能使人们对能源的观念发生大的转变，愿意为改变高油价和气候变暖的现状出一分力。

目前，中国汽车工业在自主品牌研发中，一条是通过全盘购买海外厂商的硬件或者软件技术而成为原来外资品牌的拥有者，另外一条则是通过利用外聘、委托海外机构研发人员等方式，以借鉴、模仿、创新等方式开发出自己的独立品牌。新能源汽车发展能否另辟蹊径"弯道超车"？专家认为，上海选择氢动力汽车，就是走了一条高起点、国际化的道路，中国汽车工业前进的方向就是发展清洁能源汽车。这一步作为上海已先走了，在别人没看好的时候自己已经看好，在别人已看好却还没有大力投入的情况下，上海率先采取了行动。

上海在开发氢能源汽车选择了走自己的路，整个系统都是国内团队自己做。在上海共有30多家汽车及零部件企业参加"超越号"的设计，最核心的悬挂系统、转向系统、行驶系统都是自主研发的。燃料电池车的总体方案、总体设计和知识产权全部都是自己的。2017年，上海立项研究"功率平衡式燃料电池客车开发""燃料电池汽车整车及关键零部件测试技术研究""燃料电池车载高压储氢瓶氢循环测试技术研究（一期）""非铂基氢燃料电池制备及寿命快速检测技术""多类型燃料电池汽车运行保障技术研究及示范运行环境搭建""70 MPa燃料电池汽车加氢站系统集成技术及示范运营方案研究"。

华东理工大学承担的"非铂基氢燃料电池制备及寿命快速检测技术"课题，目标是针对新能源燃料电池汽车的关键部件氢燃料电池还存在的使用稀缺、昂贵的铂做催化剂，难以商业化推广的发展瓶颈，研发新型的非铂基氢燃料电池。

设计合成高性能的过渡金属（铁、钴或镍）-氮-碳（M-N/C）型非铂催化剂，开发基于新型非铂催化剂的膜电极关键工艺，组装制备电化学性能优异和长寿命的非铂基车载氢燃料电池原型器件。开发测试燃料电池寿命快速评价方法，建立评价运行工况和环境工况相结合的燃料电池寿命快速评价标准化平台，为具备燃料电池汽车关键零部件检测评价能力的认证服务体系提供科技支撑。

开发出新型的非铂基车载氢燃料电池及制备技术，可大幅度降低燃料电池成本，促进燃料电池汽车商业推广。建立新型的加速考察燃料电池寿命的测试系统，可实现人力、物力和财力的节省，及早发现影响燃料电池寿命的因素，并为提高燃料电池寿命和改进燃料电池设计提供指导。

课题研究所涉及的内容，申请者及课题组成员已做了初步的探索。掌握了课题涉及的诸多关键技术。在碳基杂化材料研究方面，借助PVA乙醇等助剂创新性地制备了大面积凝胶化的胶体晶阵列蛋白石结构，注入单氰胺和钴源并炭化，很方便地制得了具有反蛋白石结构的钴、氮共掺杂的分级多孔碳，采用尿素、葡萄糖和硝酸铁，高温热解得到了铁氮共掺杂的类石墨烯的杂化材料和具有高氮磷掺杂量的多孔石墨烯，这些新型材料均显示了优异的电催化性能。在电催化材料和性能研究方面，一系列科研项目按计划完成。另外，为了使研究成果产业化，在加紧研究的同时，密切关注同类产品的研制情况，及时申请了一批国家发明专利，发表学术论文10多篇，培养了一批批博士生和硕士生。

面向下一代燃料电池辅助系统的研究工作，会带动燃料电池系统集成及相关辅助系统关键零部件的开发工作，其工作的重点更侧重于满足车用条件下的使用特点、环境和工况需求，将为燃料电池系统车载使用条件下的商业化打下更加扎实的基础，同时零部件的开发及小批量试成产的开发研究可为车用燃料电池系统的大批量生产、降低成本提供可借鉴的经验。值得一提的是，上海在新能源汽车研发工作中注重系统布局，带动了新能源汽车电机技术及其产业的快速发展，相关企业的产品在国内拥有最大的市场占有率，而且出口多个国家，具有一定的国际影响力。

专家认为，燃料电池汽车应首先被投入到公交使用。因为燃料电池汽车是汽车产业划时代的变革，研制成本高昂，"高价车"直接投入市场显然不现实。在正式商业化运营之前，燃料电池汽车需要经历市场培育期，需要政府采购支撑，公共汽车无疑是较好的选择。同时，燃料电池汽车需要配套建造加氢站，公共汽车线路固定，只需建设少数加氢站即可，易于操作。

上海选择氢能源有产学研优势。我国汽车工业尽管与国际先进水平还有一定差距，但在新能源领域中，却有着自己的独特优势。上海选择氢能源汽车作为产业化目标，是其强项，而这一选择也符合国家战略。国家"十三五"规划中明确提到："要推进燃料电池汽车产业化。"科技部部长万钢曾表示："在未来车用能源中，氢燃料与电力将并存互补，共同支撑新能源汽车产业发展。"

除了"十三五"规划中提到2020年实现燃料电池车批量生产和规模化

示范应用外，在新一轮的新能源汽车补贴政策中，尽管纯电动和插电式混合动力的补贴有所下降，但是氢燃料电池的补贴方案并没有调整，依然延续至2020年不退坡的政策。

"氢燃料电池技术已经可以产业化。"余卓平说。早在170年前，英国物理学家格鲁夫爵士，第一次成功地实现了电解的逆反应并产生了电流。这正是今天氢燃料电池的基本原理。简单说，氢燃料电池是由极板夹着极薄的电解膜构成。在电解膜一侧的阳极上，氢气被铂催化剂分解为电子和质子。质子可以穿过电解膜，与空气中的氧生成水雾排出；电子则统统被电解膜拦下，集中起来生成电。电流在燃料电池中储存下来，从而带动电动机驱动车辆。

氢燃料电池使用铂作为催化剂，因此成本问题一直被人诟病。余卓平表示，通过近十年研究，国际上氢燃料电池的成本已经大幅下降。根据今年年初美国能源部发布的"燃料电池技术市场报告"显示，美国燃料电池产业总体上正在逐步进入正轨，并开始实现盈利。

余卓平说，随着技术进一步提升，未来氢燃料电池里铂的用量将与普通内燃机轿车的用量一样，而生产规模加大则会进一步摊薄成本。面对激烈的国际竞争，他不无担心地表示："世界对燃料电池的研究从未停歇，如果不加强力量，我们和国际的差距将越来越大。"我国自主品牌应该联合起来，共同攻关燃料电池技术。不忘初心，方得始终！

相关链接

上海燃料电池汽车动力系统有限公司是应国家"863计划电动汽车重大专项"提出的实现电动汽车重大专项产品化和产业化目标而诞生，是以开发电动汽车为核心业务、集生产制造、技术服务和市场营销为一体的高科技企业。公司成立于2001年，由上海汽车工业（集团）总公司、上海同济企业管理中心、上海科技投资公司、上海工业投资(集团)公司、信息产业部电子第二十一所及自然人共同出资建成。公司实行由董事会领导下的总经理负责制。公司在从事燃料电池汽车技术研究和开发中，造就了一支经受了实践锻炼的高科技研发队伍，建立起了较完备的开发平台和测试环境。公司下设整车集成与设计、整车总布置与设计、整车试制、动力系统与控制、车载电源、试验、仿真、试验运营、氢能源与设施等技术研发科室。拥有技术人员百余名，其中具有博士学位人员18名，硕士学位32名。公司的研究、试制、试验基地拥有燃料电池汽车动力系统试验室、氢能源与设施试验室、整车试验测试实验室等。上海燃料电池汽车动力系统有限公司是以开发电动汽车为核心业务，以技术服务、市场营销为支撑的一家高科技公司。公司以国际合作为背景，依托著名高校和整车企业进行技术创新与产品开发，主要进行电动汽车整车相关技术开发、电动汽车动力平台的研制与销售、整车企业四技服务、汽车及零部件产品研制及销售、应用软件开发及销售、机电产品研制及销售等业务。目前，公司联合国内其他单位共同承担国家863电动汽车重大专项——燃料电池轿车项目，开发出具有自主知识产权的燃料电池汽车动力平台。与此同时，公司还在混合动力、纯电动汽车以及氢能源设施、氢气加注站、充电站等研发方面开展，承接了国内外大量项目工作，为整车企业开发电动汽车产品、改造现有车型方面提供全方位服务。

燃料电池汽车(Fuel Cell Electrical Vehicle，简称FCEV)采用电动机作为动力，用燃料电池作为能源转换，其能源来自氢气。在众多的新能源汽车中，燃料电池汽车实现了对燃油的完全替代，并因为零排放、效率高、燃料来源广等优势而被认为是未来汽车工业可持续发展的方向，是解决全球能源问题和气候变暖问题最理想的方案之一。

燃料电池汽车的原理是催化剂作用下氢与氧发生电化学反应。

（1）氢气+氧气——水+电能，刹车时回收。

（2）汽车的动能——电能。电能储存在蓄电池里，由电动机来驱动，不同于传统的由内燃机动力驱动的汽车。

燃料电池本质是水电解的"逆"装置，主要有三部分组成，即阳极、阴极、电解质。其阳极为氢电极，阴极为氧电极。通常，阳极和阴极上都有一定量的催化剂，用来加速电极上发生的电化学反应，两极之间是电解质。

电子在外电路形成直流电。因此，只要源源不断地向燃料电池阳极和阴极供给氢气和氧气，就可以向外电路的负载连续地输出电能。

燃料电池汽车主要由燃料箱、燃料电池发动机、蓄电池和电动机等部件组成。氢/氧燃料电池的产物只有水,属于零排放或接近零排放汽车。燃料电池的效率随输出功率变化的特性比内燃机更适合于汽车的实际运行。

　　燃料电池车:其电池能量是通过氢气和氧气的化学作用,而不是经过燃烧,直接变成电能的,燃料电池的化学反应过程不会产生有害物质。与传统汽车相比,燃料电池汽车具有以下优点:零排放或近似零排放;减少了机油泄漏带来的水污染;降低了温室气体的排放;提高了燃油经济性;提高了发动机燃烧效率;运行平稳、无噪声。

（执笔:上海科技报社王阳）

全天车速提高15%的
效率从何而来

上海构建智能交通系统的缘起及启示

上海是一个拥有2 500万人口的超大型城市，交通作为城市经济活动和社会文化生活的纽带，承受了巨大的压力。21世纪以来，随着不断增长的市民出行需求，解决交通拥堵和保障交通安全越来越成为备受关注的民生热点。其中，智能交通系统为解决这一民生问题发挥了重要作用。

2003年10月20日，申城延安高架路出现了能显示实时交通路况的电子指示牌，这标志着我国首个城市级交通智能诱导系统启动运行，示范路段畅通时段的平均增幅达20%，全天通行车速提高了15%。2005年，"城市道路交通信息智能化系统及平台软件"成功应用于"上海市中心区道路交通信息采集发布系统"工程，是国内首个工程化实施的、大规模的城市道路交通信息集成和智能化应用系统，不仅让交通管理部门对路况信息"了如指掌"，也让市民对其"一目了然"。2010年上海世博会期间，尽管庞大的世博客流与上海市民日常出行高峰在时间与空间上相互叠加，但在智能交通系统的支撑下，全市道路交通总体安全、平稳、有序。

如今，历时20载发展并且仍在不断完善中的上海智能交通系统已成为国内其他城市学习的典范。回顾20年来智能交通系统在上海的构建、发展，及成功跻身国际先进水平的历程，再次验证科技决策、超前布局、技术积淀的不可或缺。在此期间，贯穿于整个工程中的始终以需求为导向的创新态度，永不言弃的韧性，都是这个系统工程留给后人的财富。

到2005年底,上海市中心区快速路交通诱导系统基本建成。内环、南北、延安、逸仙、沪闵高架等上海中心区快速路共安装了53块交通信息可变情报板

智能交通系统（intelligent traffic system，简称ITS）的概念始于20世纪80年代，主要是信息技术、计算机和数据通信传输技术、传感器和电控技术以及自动控制、运筹学、人工智能等科学技术，综合运用于整个交通的服务、管理与控制过程，从而构建大范围、全方位、实时、准确、高效的运输综合管理系统，以解决城市快速发展中日益加剧的道路拥挤、交通事故和环境污染难题。

上海，作为我国首批十大智能交通系统示范城市之一，历经20年探索发展建成了我国第一个城市级交通信息综合集成平台和智能诱导系统，创造性地解决了我国城市智能交通建设中普遍面临的信息资源分散、集成度低、系统可靠性差的问题。这项由同济大学、上海电器科学研究所（集团）有限公司、上海市市政工程管理处、上海城市发展信息研究中心共同承担的"城市交通智能诱导系统与关键技术"荣获了2007年度国家科技进步二等奖。其创新点之一是"集成创新完成了我国第一个城市规模的现代交通管理系统……技术水平和系统规模居于国际先进水平"。数据表明，交通智能诱导系统应用后，在服务水平不变的前提下快速路网交通流量增幅达15%～20%，因车速提高而使尾气排放减少量达3%以上。

该系统的成功运行不仅有效缓解了上海快速路的交通拥阻，也创造了智能交通的上海模式，吸引了日本ITS协会、欧洲ERTICO、瑞典交通和通讯委员会等国外代表团和香港运输署以及科技部、建设部、北京、广州等国内领导专家前来交流学习。相关技术成果在广州、成都、无锡、深圳、厦门等20多个城市得到了推广应用。时至如今，上海的智慧交通系统仍然领先全国，上海模式依然在向全国各地输出。这一优势依赖于强有力的持续科技支撑，依赖于上海科技决策的前瞻视野，也依赖于科研人员和科技管理者的不懈努力和坚持。

全天车速提高15%的效率从何而来 / 上海构建智能交通系统的缘起及启示 】

高架上的巨型交通信息可变情报板

坚定，
持续布局奠定科技基础

在快速的城市化进程中，交通运输系统起着积极的推动作用。然而，不断增长的交通需求和交通参与实体却使得这个系统难以畅通。交通拥堵、事故频繁、大气污染，成为城市道路交通的三大"痛点"。这些"痛点"正是智能交通科技的切入点和突破点。20世纪80年代以来，一些发达国家的大型城市实施的智能交通系统ITS在改善交通状况方面的潜力逐渐获得重视，我国紧跟国际相关技术前沿，"八五"期间启动了相关研究。上海是率先在国内开展智能交通系统前期研究和相关试验的城市之一。

ITS的开发和应用是涉及诸多方面的系统工程，任何单一的技术都难以发挥预期效果。为统筹上海市ITS体系构架，20世纪90年代以来，根据当时国际智能运输系统技术的发展趋势，市科委领导指示社会发展处开展专题调研，并协调组织市交警总队、市城市交通研究院、同济大学、交通大学、华东师范大学、上海通用卫星导航公司、上海市广播科学研究所等单位，一方面对引进澳大利亚地面交通监控系统（SCATS）的交通管理系统进行本地化研究和二次创新，另一方面开展上海市交通诱导系统的初期规划，组织"上海市智能交通系统体系结构研究""上海市智能交通系统发展计划及可行性研究""上海城市交通管理信息化规划""上海快速路网交通监控与不停车收费技术的研究""上海市交通信息调频副载波广播发布系统"等分领域分层次的研究课题，为制定上海智能交通系统提供了技术框架，并逐渐形成一个指导性的文件。在此期间，上海也曾多次通过国际交流与欧洲、日本的交通专家进行合作，其中由同济大学承担的"上海市智能交通系统体系结构研究"即为1997年立项的国际合作研究课题。但鉴于国外技术大多只适用于高速公路而不是城市背景下的快速路，因此简单照搬国外系统并不

上海智能交通系统街景

能满足上海高架道路网的交通管理需求。这些研究虽然为我们提供了技术参照，但并不能直接适用于上海本地的技术方案。

而上海首次智能交通系统的实践并不理想。那是1993年，上海在全国率先建设城市高架道路——上海内环（浦西段）高架道路的同时投建了"上海内环高架路交通监控系统"，但系统一启动运行就诱发了各种问题，甚至造成交通事故。仅一个星期之后，该系统被迫关闭。随后修建的南北高架原本也设计了与内环线相同的道路监控诱导系统，当时设备已购置，并实施了光电缆的敷设和检测器线圈埋设等工作，但因内环线系统尝试的失败而最终未投入运行。"首战不利"虽然是一次挫折，但也给所有参与者提了一个醒，必须从系统和多因素角度来想问题，而且要立足所有可能出现的问题建立相应的快速响应机制。

初战未捷，但对智能交通的研究探索却没有停滞。市科技主管部门仍然持续推进智能交通系统的研发。针对试运行中出现的问题，市建委和市政工程管理局邀请了国内外的专家再做方案，但这些方案因与内环线的系统方案大同小异而未获批。市科委、市建委、市政工程管理局等负责此事的几位处长几经商讨，最终决定另起炉灶，立项重新研究。同济大学的孙立军教授临危受命承担了上海"城市交通智能诱导系统与关键技术"的研究。

课题开展不久，国家科技部启动了智能交通示范城市的遴选工作。当时科技部相关负责同志曾提出建议，请全国的知名专家来给上海做智能交通示范城市方案。但考虑到国内其他地方的专家对上海的情况并不了解，很难提出适合上海本地的方案，市科委负责领导在权衡利弊之后，果断决定，仍然启用了解上海本地情况的专家领衔课题研究。后来的事实证明，这个决策完全正确。

2002年，在科技部的支持下，上海市科委组织开展了"上海市智能交通系统应用试点示范工程"项目的研究。在项目实施过程中，市科委领导和社发处多次召集市职能部门负责人和专家会商，在听取各方意见基础上，从系统、技术、管理和运行等环节组织开展了一系列科技攻关及项目研究。在统筹规划的基础上，最终选择了以延安高架道路为主体、在涉及外环线、杨浦、南浦大桥和延安路隧道的范围进行了工程示范，取得了良好的技术效果和社会经济效益。

坚实，
需求导向成就核心技术

2003年，是上海乃至我国智能交通系统进入规模发展的重要节点。10月20日，在国家科技部和上海市科委重大专项的支撑下，我国首个城市交通信息诱导系统——延安高架路交通监控系统试开通运行。新安装的一块块交通信息诱导板上，代表道路通行拥堵、缓慢和畅通的红、黄、绿三色让驾驶员们对周边路况一目了然，并能及时调整线路更快到达目的地。

评估研究发现，监控系统对交通状态自动判别的正确率达95%以上，行程时间预报误差小于5%，居国际先进水平；系统运行后，延安高架道路的交通状况明显好转；在保持流量不变的情况下，道路服务水平有很大程度的提高，断面畅通时段的平均增幅达20%，而全天的平均车速也提高15%。

该系统的成功运行为上海排堵保畅提供了先进有效的手段，它不仅是上海智能交通发展的里程碑，也成为全国十大智能交通示范城市中最成功的案例。"ITS绝不等于IT+S。"项目负责人孙立军教授在接受我们的采访中说道，"我们要做的是智能交通系统ITS，而不是IT信息技术+S系统。为什么我们的系统能成功，并不是技术上比之前内环线上的系统先进多少，而是采取的策略和方法不一样。"孙教授认为，智能交通系统首先要面向交通系统的需求来做，不是信息技术先进、设备先进就能有先进的智能交通系统，只有围绕交通系统而不是信息系统来做架构设计,才能真正解决城市交通的痛点。

强调科技创新以"以问题为导向,以需求为导向",这在今天或许并不算新颖的理念,但在21世纪初,有此理念并能真正实行实属难能可贵,这也成为上海智能交通诱导系统能够成功的关键创新点。为切实把握上海交通的需求和面临的问题,项目组对上海交通城市快速道路的路网特征、交通流现状和交通管理体系进行了全面深入的调研分析,做出了四个判断:一是城市交通大多基本饱和,长时间处于拥挤状态,交通流很不稳定;二是驾驶行为不规范,随机性大,混合交通,造成交通规律更加复杂;三是道路设计的先天不足,造成地面道路、快速道路关键节点众多,彼此干扰严重;四是交通管理分属于不同的部门,信息不共享,不易协调。同时,研究团队发现,各类智能交通应用技术原型都是国外针对自己的交通环境所研发的,对于我国的路网特点和交通流特征存在着"水土不服"的现象。因此,对国外技术也不能盲从,必须自主研发适合我国城市道路交通特征的核心技术和装备。

在全面掌握国内外和上海本地道路交通运行情况的基础上,同济大学、上海电器科学研究所(集团)有限公司、上海市市政工程管理处、上海城市发展信息研究中心等联合开展了智能交通系统的研究、攻关、试点示范、制定标准和推广应用,形成了符合我国特点的交通控制管理的基础性理论创新、关键技术创新和集成应用创新。在此基础上建立了具有国际先进水平的城市智能交通诱导系统,整个系统的构建无不建立在以需求为导向、以问题为导向的基础上。

开创新型图形式公众交通诱导标志

整个系统中亮点多多,新型图形公交诱导标志的创建就很具代表性。彼时,国内外城市快速路的交通诱导信息多以文字为主。在我国的交通管理应用中,由于驾车人对汉字的感知、辨认速度存在个体差异,加上记忆容量的限制,文字式交通诱导系统能够提供的信息量是有限的,且对信息长度、信息格式和信息发布的优先次序上有较严格的要求。为提高快速路网交通以及城市地面路网的协调管理效率,研究人员根据城市快速路网的交通管理需求以及驾驶员的感知调查,研发了三种可变信息标志。

地面文字可变信息标志(S型可变信息板)用于预报地面交通状况,诱导地面交通选择合适入口匝道进行快速道路系统,避免因关闭入口匝道而引起不必要的绕行或局部地面道路的拥阻。

中型组合式可变信息标志(M型可变信息板)设置于快速道路主线出口匝道前,可在前方路段发生严重拥阻时引导驾驶员提前离开快速道路,避免增加前方下口匝道的交通压力。

大型图形可变信息标志(L型可变信息板)设置于快速道路主线上可进行路线选择的重要节点前,显示快速道路路网的交通状况,主要作用是进行广域的交通诱导,帮助驾驶员选择合适的行驶路径。

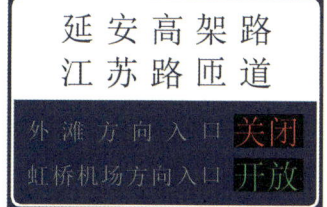  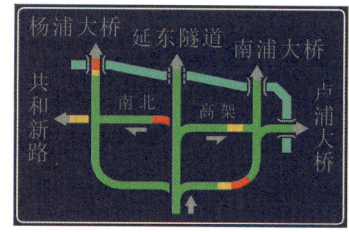

地面文字(S型)可变信息标志(左),中型组合式(M型)可变信息标志(中),大型图形式(L型)可变信息标志(右)

"立足需求,问题导向"的科技创新意识在一块看似简单的信息板上得到了淋漓尽致的体现。在版面设计中,研究人员以人机工学原理为指导,从信息板的图形和文字的可视性、驾车人能接受的信息量、信息的表达方式等多个角度来考虑,尽可能让驾车人对交通信息一目了然,提高行车安全。同时在综合考虑路网条件、驾驶感觉特性和驾车人反应特性等基础上，经反复实验和分析才确定了信息板安装的位置和高度，确保驾驶员看到前方拥堵时有足够的时间做出是否分流的决定。"为什么只用红、黄、绿表示交通流量的情况，而不是更准确的信息？"孙立军教授说道，"这一点我们也做过大量的研究，发布的一定是准确的模糊信息，而不是准确的清晰信息，否则反而容易造成拥挤的转移。"

一切以实用、适用为标准也是交通信息板设立的原则。那时国家的标准是从左到右的横向显示，而上海的信息板却是竖式图形显示，这种设计曾受到科技部相关领导和一些专家的质疑，认为上海的信息板不规范。但实际应用以后，却发现竖式图形更能清晰直观地显示路况信息，更符合人们的视觉习惯。良好的效果终于获得领导和专家的广泛认可，根据科技部负责全国试点示范城市项目领导的建议，其他示范城市后来制作的信息板大都参照了上海的竖式标准。

因地制宜，按需取材，上海信息板采用绿色底板，中间用三色光带发布路况信息，简洁明了，显示了精细务实的上海风格。而有的城市为了追求更先进的设备，采用整块LED显示屏来发布信息，不仅大大增加了成本，而且因显示屏产生的闪烁干扰，造成驾驶员在稍远的距离看不清路况图形，等到驶近以后却来不及看清路况信息的尴尬情形。后来不少城市新建的信息板都采用了上海模式。

从作战准则寻找灵感的四栈闭式监管模式

大都市的道路系统通常是一个高度复杂的网络系统，而网络交通表现出的动态性、多层次、混合流的特点使得交通的控制管理更加不易。项目组在开发上海智能交通诱导系统时遇到的第一个难点，就是要解决网络交通监控策略、监管模式以及控制方法等一系列基础性问题。其中,将纷杂多变、难以预料的交通管理事务优化凝练为简洁的、便于突发事件管理的模式是决定一套先进交通管理系统能否成功的关键和难点之一,也是确定系统架构的基石,涉及信息技术、管理学、人机工程学等多个学科。当上海着手研究时,我国尚未有这方面的研究经验可以借鉴,在欧、美、日等国家和地区也仅有初步的探索。

项目组结合城市交通管理需求,创造性地将技术、信息与管理融合起来,首次提出了适合上海高架道路路网特征的"区域控制、广域诱导"的监控策略,并在对常态和非常态下的网络交通监管工作程式作全面系统分析基础上,创造性地提出了网络交通管理的四栈闭式监管模式:即常态栈——及时发现交通异常的工作流程;触发栈——通过闭路电视子系统确认交通事件严重程度的工作流程;行动栈——确认交通异常后采取相应措施的工作流程;复归栈——采取措施后评估效果,改变指令,返回常态栈的流程。简单地说,就是"发现问题,确认问题,发布指令,评估效果和撤销指令"的监控管理四步准则。孙教授介绍说,四栈闭式监控模式思路的灵感其实来

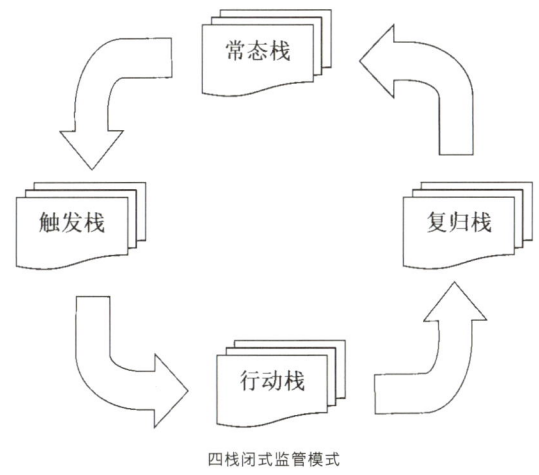

四栈闭式监管模式

自美国陆军作战准则——"发现他、盯住他、消灭他",上海交通监控中心的配备原则也是按照作战指挥室的原则进行配备。这样看似简单的准则却非常行之有效,可谓开辟了网络交通管理的新战略。

作为城市网络交通管理的标准工作范式,四栈闭式监管模式成为先进交通管理系统设计和软件开发的基础,也成为上海构建整个智能交通系统结构的基石,甚至对日后其他领域的管理工作也有启发。

以信息交换为基础的开放式系统架构

实现大批量交通数据的实时传输交换是智能交通系统运行的重要保障。但当时上海交通由多个部门管辖,每个部门都建立了各自的应用系统,拥有自己独立的数据采集系统,系统不兼容,信息也没有共享。一方面,如果为了实施和应用ITS而重新建立专用的采集系统并不现实、也非必要;另一方面,新建的ITS应为各管理部门的工作提供更全面的信息服务,这就要求交通信息平台要有很好的开放性和透明性,不仅要稳定可靠,还要能与交通管理部门各自已有平台具有良好的衔接,且能够支持不同媒介形态的交通信息。

其中,共用信息平台在整个系统中起到某种信息枢纽的作用,从而使整个系统能够协调运行、互相支撑,同时也最大限度地提高了现有资源的利用效率。在共用信息平台中,采用什么样的机制来实现信息的共享和交换是实现平台功能的关键。研究人员在对现有技术进行深入剖析的基础上,首创了"报社-邮局-订户"数据共享管理模式。即各子系统单位(报社)在共用信息平台(邮局)登记自己所能提供的信息(报纸),各单位(订户)也向共用信息平台登记自己需要订阅的信息。共用信息平台得到这些信息后,经过供需关系的分析处理,实现订阅单位和信息提供单位之间的信息需求分配。各单位也可以根据各自的需要随时取消或恢复信息的订阅和提供，担当了报社和订户的双重身份。这种模式不需要各交通管理部门统一内部系统，只需在接口上统一标准，使各管理部门可以根据需要在同一界面上进行信息交换。后来的实践证明，这不失为一个巧妙解决交通信息孤岛的途径。

在共用信息平台的基础上，项目组以"分散采集、按需共享"的理念设计了开放式的系统架构，因其适应性强，便于扩充，且不会因机构的变化和系统规模的扩展而改变已有的系统，解决了我国城市智能交通系统建设中普遍存在的系统独立、信息资源分散、智能化程度低等难题，提高了路网运输效能，适合我国城市交通管理的现状。该系统还实现了不同部门之间的管理协调，在交通状况、管理状况和驾驶行为均比国外复杂得多的条件下，系统的功能已完全达到并部分超过了国际上的同类系统。

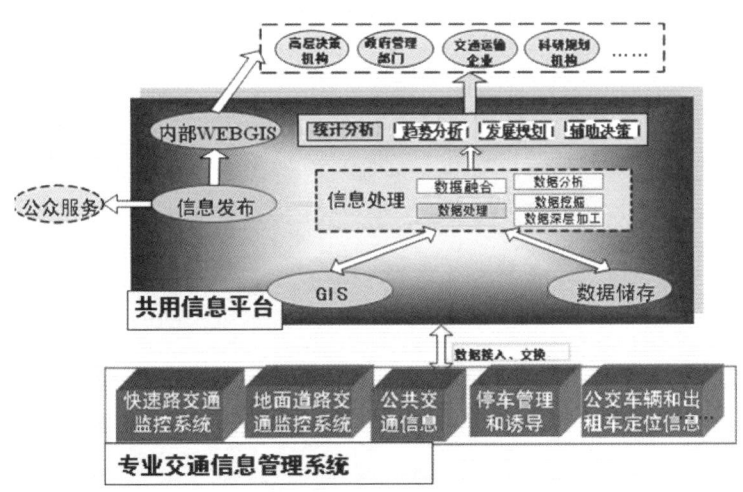

交通信息管理系统总体架构

坚韧，
不懈努力协调示范工程

2003年上海道路智能交通诱导系统示范工程的成功，为我国智能交通的发展注入了催生素，引领全国智能交通产业迈入了高速发展的黄金期。回忆起落实这项示范工程的过程，孙立军教授深有感触："项目推进几经波折，充满艰辛，甚至让人心力交瘁。最艰难的不是技术研发，而是示范工程的协调审批。"

为了顺利推进上海智能交通系统的建设，政府部门相关负责人与项目负责人曾一次次到市政工程管理局、市公交公司、市公安局交警大队等几个交通管理部门，登门推介智能交通系统理念和技术。由于当时全国尚未有智能交通系统成功应用的案例，几家部门都对ITS这个新生事物持谨慎和怀疑的态度。而市科委马兴发等认为，智能交通建设势在必行，上海更应率先而为。历经多次解释、反复沟通和协商之后，智能交通科研项目终于得到几家交通管理部门的认可。针对各家单位的交通管理需求，市科委组织开展系列研究，分别为三家单位量身定制了智能交通系统方案。如今，这三套系统仍在为上海的交通管理发挥着重要作用。

而当方案完成以后，城市交通诱导系统的示范工程建设却成了难题。当时，市科委投入的经费只是用于支撑研发，而示范工程建设不仅要落实工程经费，还要通过相关部门的审批。毕竟，城市交通诱导系统不仅是一项重要的民生工程，还是影响城市交通安全的大事，即使是科技示范，也不允许出大的纰漏。正因为如此，各相关部门对这个示范工程的审批慎之又慎。许多专家和领导对高架路上安装交通诱导信息板都提出了质疑：如果信息不准引起交通混乱怎么办？如果大风吹掉引发安全事故怎么办？项目组接受了一轮又一轮的评审答辩，却始终没有得到明确的答复。

这个关乎民生改善、影响到整个城市交通安全运行的科研成果难道从此束之高阁吗？这绝不是当初立项支撑的初衷，民生科技只有真正惠及百姓才有意义。为了项目落地，市科委各级领导曾多次主动与市建委领导沟通，向市路政处领导介绍示范项目并反复协商，同时组织相关研制单位不断完善有关的安装技术规程和安全施工工艺。此外，还全力争取科技部的立项支持来提升相关部门落实示范工程的决心和信心。

或许功夫不负有心人，转机在2003年9月的一天出现了。

孙立军教授回忆到，当时他正好去广州出差，刚到宾馆就接到市政工程管理处处长张敏毅的电话，说市政工程管理局应名洪局长明天要亲自听他汇报。这是难得的机会，孙教授立即预订了第二天一大早返沪的航班，直接从机场赶到市政局汇报示范方案。应局长听完孙教授的介绍，沉思了一会儿说："我认为这个方案做得很细。你觉得有多大的把握？"孙教授回答说："这件事还没有人做过，我很难确切回答有多大把握，但是我敢肯定还没有哪个项目的方案能做到我们这样细致？针对每一环节可能出现的问题，我们都研究了相应对策。"周密细致的工程方案和精益求精的科研精神打动了应局长，最终获得了市政工程管理局2 200万经费支持。

示范可能成功，也有失败的风险。但是必须迈出这一步，才会有后来的不断发展和完善。对于上海智能交通的发展而言，2003年城市交通诱导系统示范工程的审批通过是一个关键转折点。那段艰难的历程至今仍让孙立军教授感慨不已：如果没有政府各个相关部门的坚持，或许就错失了上海发展智能交通的先机。

坚持，
科技引领其快速发展

以城市交通诱导系统示范运行为开端，上海智能交通系统在随后的十几年里迅速发展。根据城市快速路不断建设、延伸的实际情况,上海市科委持续支持围绕智能交通系统技术升级及扩容改造开展的科技研究。

2005年以后,南北高架北延伸段、逸仙高架、沪闵高架等28公里的高架道路也逐步进行了智能交通管理系统的改造与实施,并列入年度上海市政府"十大实事工程"之一。以后随着中环建设、内环改造、内外环间交通连接系统构筑和中心区通行能力综合改造,上海市智能交通系统建设也迈入了新的发展时期。科技创新从整体上为优化上海市整个交通系统,实现交通需求科学调度、交通资源合理配置、交通运行安全高效提供了有力支撑。到2008年底,上海外环以内的城市高架道路已基本覆盖和配置了国内领先的智能交通管理系统。

为了应对2010年上海世博会期间交通量的快速增长可能会给城市交通带来的冲击,上海市科委及时布局,从2006年就开始组织上海市各方力量,围绕世博会交通保障及智能交通科技应用开展大量的研究工作,建立了机场、铁路、水路码头、省际客运、高速公路、国省干道道口等进入市域客流统计和在途客流统计及预测系统;针对世博高强度客流集散的交通体系,提出空间分布均衡、方式协调均衡、系统供需均衡、时间波动均衡等一系列高强度客流集散技术;通过在世博引导区、缓冲区和部分世博专用道路上应用交通组织方案,以及世博道路交通指路系统、专用可变车道技术、快速路多入口匝道联动控制技术和网络交通路由优化控制技术等四项关键技术,促进世博客流的集约化交通出行方式,缓解了世博园区的交通组织压力和世博大客流对中心城区日常交通的冲击。在智能交通科技的强有力支撑下,世博会期间184天的市内交通和园区内交通总体有序安全,为极端情况下设置的单双号限行、保护区等预案并未使用过一次。

2010年以后,上海市科委继续以综合交通枢纽和公交优先为重点,组织

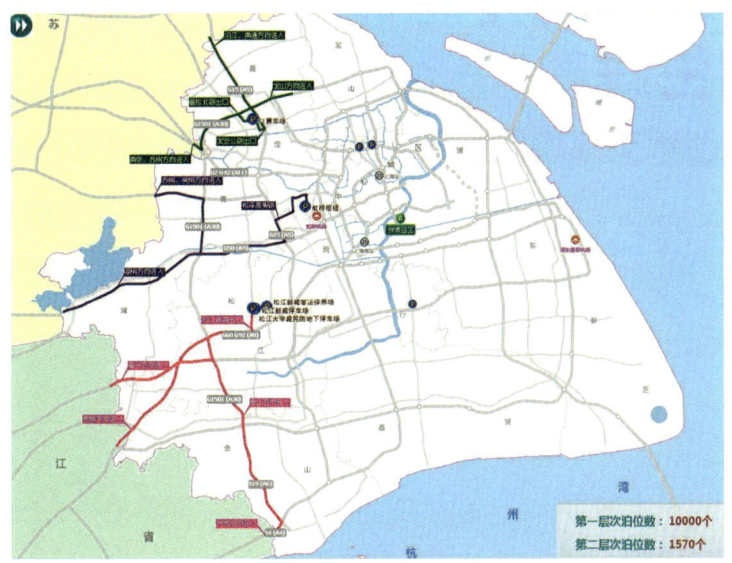

世博交通综合信息平台

职能部门及有关单位,开展基于信息需求强度的枢纽信息发布和集成应用的研究。成果先后在虹桥枢纽、浦东机场、静安寺交通枢纽等实现了工程化应用,提升了上海综合交通枢纽集约化、信息化和科学化管理水平。同时,通过研究施行基于绿波控制和信号优先通行相结合的公交优先模式,构筑了智能化的城市公交优先通行控制系统,成套技术在陆家浜路进行了成功示范,并在武宁路、周家嘴路等市区主要干道得到推广应用。

科技先行,上海智能交通系统一直在发展和完善的路上。需求导向、科技引领、不断创新、精益求精的上海智能交通经验已经推广辐射到全国各地,上海模式已在世界智能交通领域占有一席之地。

(**执笔**:上海科技创业投资股份有限公司虞俭、上海市科学学研究所周小玲等)

创新让崇明生态岛
熠熠生辉
记科技创新支撑崇明生态岛建设的历程

崇明岛土地肥沃、林木茂盛、物产富饶,是有名的鱼米之乡。同时,它也是世界上最大的河口冲积岛,是上海重要的生态屏障。从当代世界城市的发展来看,城市生态化建设是改变当前城市高消耗、非循环运行机制,提供资源利用效率,平衡经济发展和环境保护的需要,也是实现全面、协调、可持续发展的需要。上海作为一个经济高度发展,人口和环境负荷严重的城市,建设崇明生态岛,不但能使之成为上海最重要的生态补偿区,还能探索一条具有中国特色的生态岛,乃至生态城市的发展之路,为我国的城市化进程提供示范。

2005年至今,崇明已发生了翻天覆地的变化:绿色能源实现从无到有的质变,高污染、高能耗企业一批批关停迁,符合生态岛功能定位的绿色经济蓬勃发展,崇明已步入了一条更高形态的发展之路。从一粒沙到一座岛,崇明的历史是一部奋斗史;从茫茫荒滩到美丽家园,崇明的历史更是一部科技史;从生态岛建设到建设世界级生态岛,崇明正在书写新的历史。

创新让崇明生态岛熠熠生辉 / 记科技创新支撑崇明生态岛建设的历程

崇明岛夜景鸟瞰图

崇明，
缘定生态文明之路

东海瀛洲，是崇明岛美丽的古称。瀛，海也。崇明岛东南濒东海，西南与上海宝山、江苏省太仓市隔江相望，北同江苏省海门市一水相隔，形如春蚕，东西长、南北狭。

崇明岛虽然土地肥沃、林木茂盛、物产富饶，但长时间里在上海人的印象中，崇明只是"养羊""出蟹""嫁女"的穷地方。崇明的GDP仅占上海的1/70，却拥有上海1/3的贫困人口，这使得崇明似乎总是远离上海经济发展的视野之外。

从当代世界城市的发展来看，城市生态化建设是改变当前城市高消耗、非循环运行机制、提供资源利用效率、平衡经济发展和环境保护的需要，也是实现全面、协调、可持续发展的需要。建设崇明生态岛，对上海率先建成循环经济、发展资源节约型社会和"四个中心"具有重要意义，为我国的城市化进程提供示范。

1999年，为响应国家环保总局创建国家生态省、生态市（县）的号召，崇明县开始实施国家级生态示范区创建工作，并于2002年成为国家级生态示范区。2005年5月，国务院批准长兴、横沙两岛由宝山区划归崇明县管辖。同年10月，《崇明三岛总体规划（2005—2020年）》获批，规划提出"将崇明建设成森林花园岛、生态人居岛、休闲度假岛、绿色食品岛、海洋装备岛和科技研创岛"，总体是将崇明岛发展成生态旅游岛。2010年，上海市政府发布的《崇明生态岛建设纲要（2010—2020年）》提出，"到2015年，崇明岛将建成国际生态旅游岛"。同年，崇明被国家科技部批准为国家可持续发展实验区。

随后长江隧桥和崇启大桥的开通，更使崇明成为上海唯一北向陆路通道节点和长三角东翼的交通枢纽。得交通之利，崇明的经济进入"快车道"。2014年3月10日，联合国环境规划署发布《崇明生态岛建设国际评估报告》，报告认为崇明生态建设对中国乃至全世界发展中国家探索区域转型的生态发展模式具有重要的借鉴意义。同时，将把崇明生态岛建设作为典型案例，编入联合国环境规划署绿色经济教材。

如今的崇明，已成为国内以及全球生态岛建设的样板，且拥有着坚定而清晰的目标：建立生态文明特区。

2017年3月5日，习近平总书记参加第十二届全国人大五次会议上海代表团审议时指出，"金山银山都不如绿水青山，崇明要建设世界级生态岛，需要不少制度创新，来更好地体现国家战略、上海使命、崇明愿景！"。总书记的讲话掷地有声，为崇明生态岛建设提出了明确的要求。

上海市委书记韩正同志2017年3月1日在崇明调研时强调，要按照总书记的要求，以更高的站位、更宽的视野、更坚定的目标导向，举全市之力推进崇明世界级生态岛建设。

科技，
携手崇明生态岛建设

崇明生态岛建设远非顺风顺水，应该清醒地认识到，崇明仍存在着岛屿生态系统环境容纳量有限、自我更新能力弱，以及在发展过程中面临的资源贫乏、能源结构单一、基础设施缺乏、生态环境趋于恶化等诸多问题。面对这些挑战，崇明生态岛该何去何从？同时，强调"生态为先"，意味着崇明的发展不会沿用土地开发、招商引资、大拆大建的模式，这将对崇明人"发展致富路"造成影响。

科技对崇明生态农业改变提供支撑作用

如何正确处理"岛区城市扩展与上海整体空间发展、经济发展与环境保护、近期开发与远期预留、生态建设与社会富裕"相互协调的挑战,是崇明岛生态建设的一道"坎"。要跨过这个"坎",就必须立足于中央和市委有关崇明经济和社会发展的总体布局,下好生态岛建设"这盘棋"。

科技,始终没有缺位。针对崇明生态岛建设所存在的问题,上海市科技管理部门向市政府主动请缨将这个重大项目接过来,通过组织同济大学、交通大学、华东师范大学、复旦大学、上海大学等高校的研究人员,在崇明建立了数个研究小组,一个学校一间房间,主要研究内容就是如何将科技规划与生态崇明的蓝图对接起来。研究组从自然湿地保护、鸟类保护、自然保护,到宜居村镇试点前卫村的具体规划,在构想中慢慢形成雏形,虽然工作条件很艰苦,但还是一步一个脚印扎实推进着工作。

那时,想要前往崇明就只能坐船,上海市科技管理部门的同志及研究小组的成员几乎天天往崇明跑,他们到得比别人早,走得比别人晚。2004年9月11日,上海市科技管理部门相关负责人专程前往崇明现场办公,会议持续到深夜,对一个个方案进行探讨,诸如10个亿的建设资金在前卫村落地问题,东滩、西滩怎么设计等相关内容一一实施定案。

在各方协力下,作为生态村镇建设示范的前卫村在一万亩规划土地上,以生态农业为基础、多价值叠加为原则、生态科技为支撑、加快建设"前卫现代化都市循环型生态农业示范区""生态科技创新园区",努力建成了2010年上海世博会生态农业观光基地和世博会绿色农产品的特供基地、循环型生态农业和农家乐休闲基地、全国一流生态农业环境科普教育基地、国家级上海市崇明生态科技创新基地,成为环境与社会经济协调发展及资源节约型社会的示范。

指标，
引领崇明生态岛的发展

2008年，上海市科学技术委员会启动了"崇明生态岛建设指标体系研究"科技攻关项目。在此基础上，上海市政府完成并正式向社会公布了《崇明生态岛建设纲要》，并依托纲要形成《崇明生态岛建设重点推荐项目（2010—2012年）》，编制了《崇明生态岛建设三年行动计划（2010—2012年）》，制定了《崇明生态岛建设纲要主要评价指标统计实施办法》。

对于"崇明生态岛建设指标体系研究"的开展，在当时的条件下也颇具难度。一方面，尽管世界上有一些生态岛的案例，但无法简单地照搬复制；另一方面，崇明岛的实施开发需要各个单位大协同、大合作。通过一年多时间，课题组专家反复研讨、与各单位多方协调，终于完成了涵盖人类、自然、环保、经济、社会等多个指标的崇明生态岛建设指标体系研究。课题组成员反复强调，"崇明的发展，是科技引领加政府协调的结果，没有两方面的协同是做不成的。"

从2008年3月开始，围绕中央与上海市政府确立的建设世界级崇明生态岛的目标，以及"聚焦生态岛建设、引领生态岛建设方向、规范生态岛建设行为、调控生态岛建设进程"的课题任务，课题组先后20余次向市、县各职能部门调研或开研讨会，召开了50余次专题研讨会，在上海、北京、天津、南京、杭州、唐山等地开展了10余次专家咨询和实地调研。课题组多次听取市领导的专题指导，遵循理论研究与实践应用相结合、国际标准与崇明实际相结合的思路，借鉴美国长岛、加拿大爱德华王子岛、韩国济州岛，以及中国天津滨海新区中新国际生态城等国内生态区域建设的成功经验。在吸收已有的研究成果的基础上，通过集成创新，构建了一套能够体现生态岛建设先进性和可操作性要求，由社会和谐、经济发展、环境友好、生态文明、管理科学五大专题

创新让崇明生态岛熠熠生辉 / 记科技创新支撑崇明生态岛建设的历程

崇明岛鸟类栖息地优化工程

领域、15项评价主题、24个核心指标构成的崇明生态岛建设指标体系。同时,在世界级生态岛概念和内涵、崇明世界级生态岛综合评价指标阈值确定、关键措施等研究方面取得了重要成果,得到了上海市领导和国内外专家的充分肯定,也为之后的发展和建设工作提供了良好的支撑和指导。

护航,
科技为生态岛建设提供支撑

在建设崇明生态岛的过程中,科技的支撑作用随处可见。20世纪90年代,崇明湿地开始面临过度围垦、过度捕捞、外来物种互花米草等的入侵、大中型水利工程建设,以及水质污染等人为干扰,造成湿地生态系统退化、生物资源日趋减少、河口及其邻海渔业产量降低等巨大威胁。为了应对崇明东滩重要生态保护区面临的诸多问题,2005年起,上海市科委多次立项,以东滩为核心,实施东滩互花米草生态控制与鸟类栖息地优化工程,在一期1 000亩、二期2 000亩东滩优化试验区的基础上,不断完善生态区优化修复技术体系,并即将实施三期3 000亩湿地保育试验区的推广示范。通过近年来对东滩湿地的修复,保护区内鸟类从原先的12种增加到40种,其中还发现了7种珍稀水鸟。目前,东滩湿地已建成326平方公里的中国国家级自然保护区,鸟类种群数量恢复明显,成为生态保育与修复的重要示范区,已列入《国际湿地公约》的国际重要湿地名录。西滩湿地建成崇西湿地科学实验站,初步形成西滩湿地保护与利用双赢模式实践区。东滩和西滩湿地已形成具有国际影响的生态岛湿地科学研究和科普教育基地,重点区域环境质量和生态多样性不断提升。

十多年来,上海以科技支撑崇明生态岛发展循环、绿色、节能、低碳经济,布局了一批技术水平领先、集聚效应显著的重大科技集成示范工程,使崇明生态岛初步建成国际上具有一定知名度和影响力的"生态技术实践区""生态产业培育区"和"生态生活体验区"。在自然生态领域，有东滩湿地的修复和保护；在人居生态领域，有瀛东村居民建筑生态改造；在产业生态领域，发展了绿色有机农产品产业链。同时，在面对区域现代化改造的过程中，一条充满高科技含量的高速路获得了专家与公众的广泛好评，这便是于两年前通车的崇启高速公路。就在不久前，这条贯通崇明全岛的公路被评为"中国最生态高速公路。"其生态特征主要体现在：拥有用以节水灌溉的雨水收集系统；道路两旁种植能够吸附汽车尾气的独特绿化；为保护鸟类的自然迁徙，降低了车灯对鸟的干扰等。

联合国副秘书长施泰纳曾评价道，"崇明生态岛项目将中国生态文明理念运用于生态建设，构建本土创新发展模式，并用实践证明了其在社会、环境和经济共同发展中的作用。"同时，施泰纳对生态崇明经验是否能被复制，也予以了肯定，他表示，崇明的建设理念与经验可以与世界分享。

筑梦，
科技让崇明未来熠熠生辉

结合崇明岛的特点和总体发展规划战略构想，针对崇明要建设生态岛的重大科技需求，找准生态岛建设中的技术瓶颈和切入点，充分发挥科技对社会经济发展的支撑和引领作用，对于落实崇明生态岛建设是至关重要的。通过多管齐下的方式，科技将引领崇明编织起波澜壮阔的大梦想。

生态平衡梦。崇明岛独特的地理位置和丰富的自然资源已经吸引了国内外的关注，不断升温的生态旅游热和建设开发热都将直接考验着崇明岛的生态环境质量。在经济和社会发展的同时，保障崇明岛的生态环境质量，是崇明岛在新一轮发展过程中必须优先考虑的问题。其中，上海市科学学研究所围绕《崇明

崇明湿地生态系统修复

岛域总体规划纲要》的构想和崇明岛未来发展的重大需求,在全国率先提出滩涂湿地生态产业与示范;在全国率先基于生态承载力和环境容量来进行功能分区;提出一系列针对不同受损生态类型的修复与重建技术与示范;建立生态灾害的预警、预报、预案体系;为我国人居岛屿的建设起到带动和示范作用。

资源循环梦。鉴于崇明岛在我国和上海市的特殊地位及其水资源供需特点和水网分布特点的特殊性,围绕生态岛"海上花园"的总体规划目标,针对崇明岛生态保障系统规划建设所面临的主要瓶颈问题,通过引入当今国际流域管理和岛域环境综合管理的最新理念,开展资源循环型崇明岛污染控制和水资源保障关键技术研究,不仅对于建设具有全新环保理念的岛域生态保障系统具有十分重要的开拓性意义,也为岛域环保基础设施的建设和改造提供强有力的技术支撑。

生态农业梦。崇明生态农业是在环境与经济协调发展思想指导下,按照农业生态系统内物种共生、物质循环、能量多层次利用的生态学原理,因地制宜地将现代科学技术与传统农业技术相结合,充分发挥崇明资源优势,依据经济发展水平及"整体、协调、循环、再生"原则,运用系统工程方法,全面规划、合理组织农业生产,实现农业高产优质高效持续发展,达到生态和经济两个系统的良性循环和"三个效益"的统一。

现代服务梦。现代服务岛是落实中央科学发展观的重要战略举措,是崇明生态岛建设的重要组成部分,是综合展示现代服务业各项技术的科技工程,是促进崇明生态岛产业结构调整升级,社会经济全面发展的区域发展模式。在发展现代服务业上,根据区位特点,努力形成特色,促进区域发展模式的根本转变,有助于更好地保护区域生态环境,提高人民生活水平。

洁净能源梦。调整崇明岛的能源结构是崇明生态岛开发的必然要求。使用天然气、风电、燃料电池、生物质能等为核心的绿色能源替代传统能源,将大幅降低燃煤造成的环境污染,避免由于开发建设崇明生态岛对能源需

创新铸就卓越之城
上海城市建设与可持续发展成果背后的故事

崇明踏上生态城市发展之路

求增加而造成更大的污染,确保崇明岛的生态环境。在洁净能源替代煤炭前,积极开发研究、投入使用各种环境保护技术,尤其是使用先进的脱硫和脱硝装置,减少燃煤造成的环境污染。

绿色交通梦。由于崇明岛在空间上相对独立,具备成为新型交通系统实验室的天然条件。崇明生态岛理应成为平衡人类交通活动与自然的科技研发和技术实验、培育、推广、示范、教育的孵化器,也是关键技术与系统开发的真实实验场所。从这个意义上来说,崇明生态岛不仅仅是展示上海乃至国家可持续发展的窗口,更是人类生态文明的展示窗口。通过先进生态交通工程、绿色交通工具、智能管理等技术的综合应用,在岛内建立低能耗、低污染、高宜人、与自然相和谐的绿色交通系统。

智能信息梦。智能信息岛反映了崇明在信息时代的时代特征。通过新一代宽带多媒体信息网络、地理信息系统等基础设施平台,整合市政、环境、生态、交通、能源、农业、人居等方面的信息资源,建立电子政务、电子商务、劳动社会保障、教育、人口与卫生等信息系统以及面向政府、企业、社区和公众服务的综合应用系统,实现生态岛经济、社会和管理的信息化,为绿色交通岛、生态平衡岛、人居适宜岛、生态农业岛、洁净能源岛、现代服务岛、清洁生产岛提供高效、安全的信息服务。

人居适宜梦。人居适宜岛的科学技术特色在于开创性、系统性、前瞻性和示范性,围绕技术、文化、经济、社会、环境等因素,从城市、住区、住宅等立体层次,立足建设国际一流水平的国家级生态建设综合示范区的高度,系统研究生态化人居环境的内涵、科学评估体系、规划标准、实施手段、适用技术、政策保障与综合示范,塑造节能降耗、安全健康、功能完备、文明和谐的人居适宜的生态岛屿。

(**执笔**:《华东科技》杂志社俞灵琦等;**核改**:费明钰)

成功、精彩、难忘的
世界级盛宴

科技，让世博更精彩

2010年上海世博会是上海与世界进行文化交流的盛会，也是上海城市形象的极佳展示，更是上海国际地位的有力证明。作为首次在发展中国家举办的综合类世博会，中国上海汇聚了全世界的目光，而她也不负众望，以千姿百态、美轮美奂的世博场馆和7 300多万人次的大客流提交了一份满意的答卷。

城市是包括科技进步、科技创新在内的人类文明的结晶，也是人类科技创新的巨大舞台。探索解决城市发展中面临的共性问题，走出城市发展面临的艰难困境，实现"城市，让生活更美好"的诉求，让城市可持续发展的目标，是2010年上海世博会的宗旨。为此，上海市政府、科技部和上海市科委等部门组织实施了"世博科技行动计划"，针对城市发展和世博举办的各项需求，以世博会筹备、建设和管理等提出的重大科技问题为导向，凝练重点、突出亮点，建立相互协调、共同促进、优势整合、良性互动的机制的科研项目群；在世博科技行动中注重加强自主创新，推动科研基地建设与人才培养，推进上海与全国特别是周边地区的联动，促进科技、经济、社会、文化、生态等方面的全面协调发展，用先进的科学技术最大限度地提高世博会的科技含量，为世博会成功举办提供可靠的科技支撑；通过系统规划、科学组织，调动全市、全国乃至全球的科技资源，把现代科学技术多角度、多渠道、多层面地嵌入到世博会中，让科学精神、科学思维和科技成就渗透到世博会的每一个细节，以科技确保2010年上海世博会成为"生态的世博""安全的世博""有序的世博""人本的世博""精彩的世博""难忘的世博"。

成功、精彩、难忘的世界级盛宴 / 科技，让世博更精彩

上海世博公园

科技助推申博成功

作为世界上最恢宏的综合性展会，世博会已经历了159年的发展历程。"科技创新"是世博会永恒的主题。首次以城市为主题的上海世博会在多方位、高容量、创意性展示高新科技的同时，也向人们透露着未来科技的走势。上海世博会为人们打开了一幅科技改变生活的新图景，而"科技世博"理念更是贯穿世博会规划、建设、运营等各个环节。

前期布局成就"上海世博"

20年前，上海和"世博会"第一次相遇。20世纪80年代，这座城市正面临工业时代积累的荣耀逐渐远去的沮丧，将黄浦江岸对面的一片江滩和农田开发成金融区的冲动是当时上海市政府积极筹办世博会真正的"背后推手"。20年后的世博会，正处于这一轮上海历史上最大规模的城市化进程的尾声，这既是对城市化进程的反思，也是对城市的新一轮更新。

汤万芳是20世纪80年代上海市科学技术委员会发展预测处处长。这个当年专门负责研究、预测上海扩张和发展问题的机构是当时上海市政府最重要的政策咨询机构和智囊团。1985年，汤万芳从上海市科委手里接过上海世界博览会可行性研究的课题。当时协调组织了4个小组40多位专家分别操作4个系统的课题：由上海规划设计院负责选址小组，社科院负责主题组，同济大学负责场馆内部结构设计，上海交通工程协会负责大会的交通和接待工作。根据4个课题组的报告起草了最后交到市委的"'世博会'可行性研究"方案，确定了上海举办世博会的可行性。

历经波折的世博会选址

上海世博会选址可谓几经锤炼、历经波折。对选址方案的论证用了定量分析，上海市科委专家团以交通、城市发展、地质优劣、拆迁量等一些变量输入模型计算。最后，评定结果是，浦东花木地区的分数最高，闵行西（现在的闵行工业区地块）的得分次之。

上海市科委专家团最终送交上海市委的选址意见是，"如果这个博览会是以发展第三产业为主体，选址应该在浦东花木；如果以发展工业为主体，应该定在闵行西。以浦东方案为优先选择"。前市科委预测处处长汤万芳说，"规划就是以花木地区为中心，通过世界博览会形成有上海特色的展览中心和商业中心。花木地区作为中心发展起来了，浦东开发也就开始了"。1988年，花木地区的世界博览会再次成为市科委浦东开发课题里的一个子课题立项。但选址问题仍然迟迟未决。直到2001年，从一次偶然的世博会场馆布局和构思的设计竞赛得到灵感，2010年上海世博会的选址定于黄浦江两岸、卢浦大桥与南浦大桥之间的滨水区，约5.4平方公里的规划控制区内。

世博会是上海从持续多年的高速发展中思考城市功能和内涵的一次机会。郑时龄院士说："上海太复杂了，世界没有哪个城市像上海这样掺杂了各种元素，它是各个时代的复写纸——掺杂了西式风格的老城区、殖民地的风格建筑、工人新村、新工业区、浦东的高楼群，即使是世博会，也只是给上海增加了一块新风格的区域。"

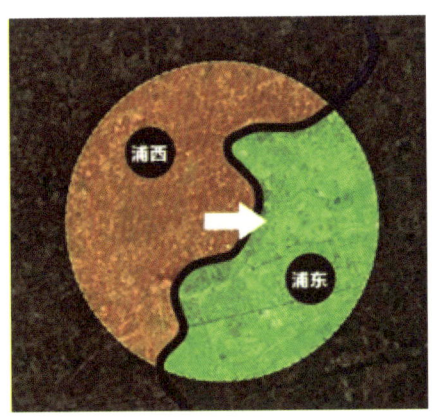

世博园区将缝合浦江两岸，带动浦东地区的平衡发展

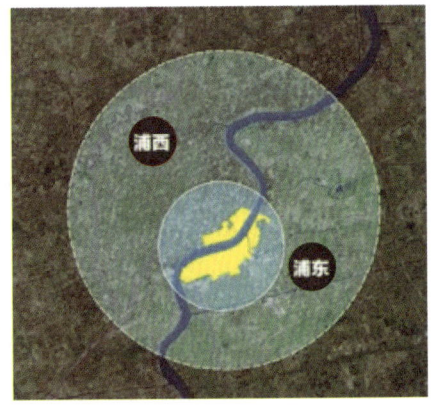

世博会将推动长三角地区的产业分工和一体化发展，强化上海中心城市的地位

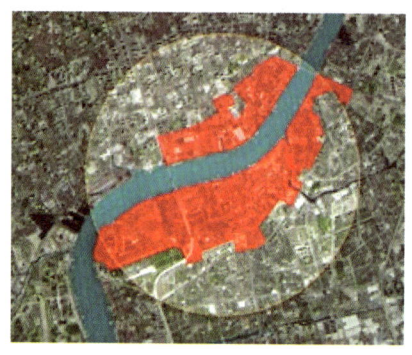 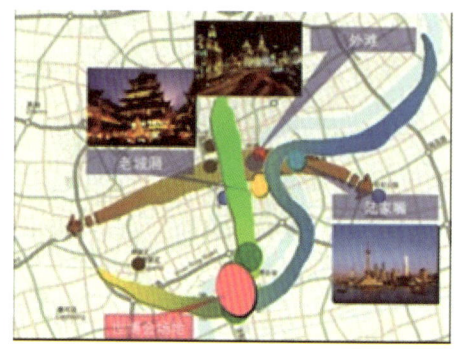

浦江两岸通过世博会得到进一步整合,将带动周边地区的平衡发展

跨越黄浦江两岸的世博园区巧妙融合了地域的阻隔,使"东西上海"、过去与未来得以聚合完整。黄浦江重新回到城市的怀抱,成为上海新生活源泉,城市生态的项链

科技保障世博会成功举办

2010年上海世博会希望让人们看到"城市,让生活更美好"的方向和愿景,增强人们对城市未来更美好的生活前景的信心。这就离不开现代科学技术的引领和支撑。其一,上海世博园区为结合旧城区改造而选址在市中心区域边缘的黄浦江两岸,居于城市人口和交通密集区,在本来已经非常拥挤的区域,在半年内总共7 300万人次的参观者的预测参数下解决世博会的交通问题,而且要尽可能使参观者和参展者顺畅、安全、有序地到达和进出世博园区,必须应用现代科技开展交通网络规划、交通工具选择、智能交通和信息化交通系统和交通组织管理等重要课题的研究和实施。其二,综合类世博会会期将持续半年,不仅不能采取临时措施改变城市日常运行方式,还需要面对上海在这半年里的气象灾害、公共安全、人类及动物传染疾病的防控、食品卫生与食品安全、各类设施运行可靠性等问题,这些不仅需要科学管理,而且直接需要科技创新来解决所遇到的上述问题。其三,最新科学技术创新成就的展示与未来科技发展趋势的展望,始终是全世界对世博会

的期望和世博会悠久的优良传统，用最新的科学技术创新手段来展示本届世博会的主题也是必须统筹安排的核心事项。正因如此，早在申办成功之初的2003年，上海市科委就向国家科技部提议，在国家科技部的指导和支持下，组织实施"世博科技行动计划"。2004年，国家科技部和上海市政府正式将世博科技行动计划确定为"部市合作"的重要内容。2005年初，国家科学技术部、上海市政府会同国家教育部、住房和城乡建设部、环境保护部、卫生部、国家质量监督检验检疫总局、中国气象局、中国科学院、中国工程院、国家自然科学基金委员会、中国科学技术协会等部门，成立了世博科技行动计划领导小组，并正式启动了世博科技专项行动。组织全国近千家科研单位和企业上万名科技人员，经历前瞻布局、对接需求、聚焦应用三个阶段的工作，围绕上海世博会园区规划、场馆建设、新能源利用、节能环保、交通运营、安全健康及展示技术等领域的需求，实施了新能源、生态环保、建筑节能、智能化技术、信息网络技术和新材料等230余项科技攻关项目，取得1 100项左右具有自主知识产权的科技成果并在世博会上实现广泛应用。

世博科技专项行动主要通过动员和汇集全国的科研力量和科技资源，把现代科学技术多角度、多渠道、多层面地嵌入世博会，通过广泛应用当代最先进的科技成果，让科学精神、科学思维和科技成就渗透到世博会的每一个细节，使中国2010年上海世界博览会成为科技创新成果装备起来的博览盛会。

能源科技诠释"低碳世博"

不论是举办"成功、精彩、难忘"的世博会，还是建设美好、低碳、绿色的城市，都必须依赖科技创新，能源科技创新尤为重要。因为能源不仅是城市以及人类社会可持续发展面临的关键制约，还是正在孕育的新一轮科技及产业革命的主角。在2010年上海世博会上，新能源的利用充分体现了低碳、绿色核心理念，有力支撑了节能减排目标，成为2010年上海世博会耀眼的科技亮点之一。

创新铸就卓越之城
上海城市建设与可持续发展成果背后的故事

远眺世博园片区

世博园区内的上海当代美术馆

2010年上海世博会上,示范运行的各类新能源车辆包括燃料电池汽车、纯电动汽车、超级电容汽车和混合动力汽车等总计达1 300余辆。安全运行184天,运送游客超过1.3亿人次,行驶里程约700万公里,新能源汽车完好率达到98%,是世界上新能源汽车"种类最齐、数量最多、规模最大、负荷最强"的示范运行。而保障这么大规模、这么多天安全运行是靠强大的科技支撑。如何保障车辆供应、氢气供应、氢气加注站的规划、系统的运营、安全保障都是摆在科技人面前的难题。为了能在世博会上安全、有序的示范运行,至2010年上海世博会举办之前,在"世博科技行动计划"支撑下共完成了196辆燃料电池汽车,包括6辆燃料电池大巴、90辆燃料电池轿车和100辆燃料电池观光车的研制和生产。这是国内首次进行如此大规模的燃料电池汽车研制生产,使各个研发团队有机会探索燃料电池汽车的生产制造工艺,开发必要的生产技术装备与工具,建立相对完整的技术管理流程及质量控制体系,也为探索规模生产与成本下降之间关系创造了条件。成功制定了196辆燃料电池汽车在世博示范运营的方案,支撑了在世博会上的成功运

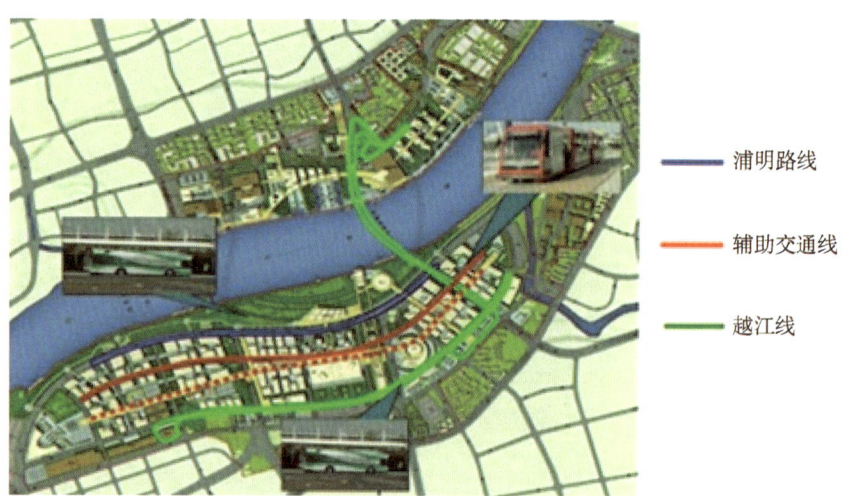

上海世博园区公交线概况

成功、精彩、难忘的世界级盛宴 / 科技，让世博更精彩

浦东世博演艺中心（今梅赛德斯奔驰文化中心　上图为近景，下图为远景）

行应用。其中，6辆燃料电池大巴用于园区内浦明线公共交通及短驳线补充，100辆燃料电池观光车用于与浦明公交线路平行的两条高架步道线路，为行人提供辅助交通服务；90辆燃料电池轿车为世博会贵宾提供接待服务。

氢能源燃料电池是燃料电池汽车的核心部件，也是整个产业科技自主创新的难点，为了推动燃料电池汽车关键零部件的自主研发以支撑世博示范，科研团队加快了研发步伐，不仅使单台燃料电池成本比北京奥运时有较大幅度的下降（单台成本由过去的80万元下降到60万元），还开展了关键材料创新，为提高氢能源燃料电池的可靠性奠定了基础。2006年，在科技部的支持下，上海开展了服务于世博加氢站的预研究，基于世博园区不可能大量建设加氢站的现实，探索了移动加氢站模式。在世博科技行动计划支持下，在济阳路建设了一个加氢站、研制了两辆移动加氢车，不仅保证了世博会期间的加氢服务，还在加氢机、高压储氢容器、压缩机等三个关键部件上进行了自主研发，提升了我国在氢能源汽车加氢站上的自主创新能力和产业发展主动权。

2010年上海世博会上的新能源汽车示范工程极大推进了我国新能源汽车的技术成熟度，在加氢站、氢能源燃料电池技术等方面有较大进展，示范规模达到世界领先。此次示范运行的氢能源燃料电池轿车中，来自美国通用生产、上汽与通用合资生产、本土企业生产、国内高校技术生产等多种车型，从运行效果看，本土生产车辆并不逊色于美国通用车辆。燃料电池来自上海神力科技和中科院大连化工研究所，国产电池在价格仅为美国通用产品1/3左右的情况下，运行稳定性、故障率、蓄时里程等关键指标上均不输于美国通用产品。移动加氢车、加氢站及国产关键部件技术已经处于世界前沿。美国能源部长朱棣文在观摩了世博新能源示范汽车，特别是氢能源燃料电池汽车后，感慨美国的燃料电池汽车示范应用水平已经落后于中国。

2010年上海世博会在太阳能开发和利用上也取得了多项创新成果。为有效实施全球最大太阳能建筑一体化示范及最大功率太阳能电站，科技部和上海市科委通过部市部署了一系列关键技术攻关、集成应用等研发项目，取得了众多关键技术成果，如专门用于中国馆屋顶的菱形兆瓦组件、国产非合金的变压器、500千瓦的国产流变器等，充分显示了我国太阳能应用技术与建筑一体化技术的实力和水平，也打造了世博会上崭新的科技亮点，如中国馆、世博中心、主题馆和南市电厂等建筑大量的太阳能电池安装在屋顶、玻璃幕墙上与建筑融为一体，成为上海世博会园区使用量最大的绿色能源。建成后的太阳能发电系统总装机容量约4.6兆瓦，远大于历届世博会太阳能应用的规模。据计算，世博园区光伏建筑一体化系统年平均发电量408万千瓦时，可减排二氧化碳3 330吨。上海市科委在世博园区太阳能光伏发电示范系统建设中，极力推荐了国产元器件，极大地推动了国产零部件的国产化进程。在此次世博示范工程前，国内光伏发电示范系统关键零部件70%～90%市场份额由国外产品占领，目前80%的市场份额由国内产品占领。这对建设具有完全自主知识产权的光伏发电完整产业

上海世博会期间使用的新能源车

链,加速我国光伏发电产业发展进程都具有重要意义。

上海世博会光伏建筑一体化应用

应用地点	应用规模(兆瓦)	光伏组件类型	年均发电量(10^4千瓦时)	减排二氧化碳量(吨/年)
中国馆	0.3	双面玻璃光伏组件、单晶硅光伏组件	27	225
主题馆	2.8	大面积透光型光伏组件、与屋顶一体化光伏组件、防水型光伏组件	246	2 010
南市电厂	0.5	非晶硅光伏组件、多倍聚光光伏组件、常规光伏组件等	45	365
世博中心	1	光伏遮阳组件、常规光伏组件	90	730
合计	4.6		408	3 330

2010年上海世博会以城市为主题,破解城市发展中的能源与环境制约是关键议题,对能源领域进行科技布局和研发既能有效支撑世博,也可以促进新兴技术成熟、引领新兴产业发展。上海市科委立项的能源类项目96.7%在世博会上成功应用,而且半导体照明、新能源汽车、太阳能应用等技术均成为全球最大规模的示范应用工程,成为上海世博会耀眼的科技亮点,说明世博科技行动计划的规划和部署具有超前眼光和科学性,显现出重要的战略意义。

环境科技保障世博"优良环境"

为了让上海世博会运行期间有更蓝的天、更干净的水、更优质的环境,上海市科委依托"世博科技行动计划"对环境规划、环境监测与治理、土壤污染修复和废弃物回收与处理等方面做了系统的布局,成功建设了世博园区的优良环境,为上海世博会的成功举办在环境治理和维护方面提供了有力的技术支撑。

上海世博会场景

在上海世博会建设中，针对城市社会运作的生态安全，世博科技行动计划对世博会生态规划、生态要素配置体系和景观照明体系等方面进行了总体规划，在世博会区域探索和实践了城市化建设过程中"人与自然和谐发展"的模式，指导了世博园区的生态规划和夜景照明等方面的建设工作。针对世博园区白莲泾河道实施的近自然生态修复集成技术，实现从防洪驳岸到河面的硬质驳岸生态软化和河道生态系统的健全与完善，充分发挥生态系统的自净化、自调节、自平衡和景观美化功能。并对世博区域的动植物、土壤、水体、微气候、空气质量等生态要素进行了实测调查，形成子专题研究报告和以电子报表形式存储的数十万个与地理坐标对应的状态记录数据库，同时还完成了对各土壤肥力、土壤重金属、植被、植物病虫害、鸟类及鼠类等主要层面生态要素信息的GIS可视化处理，形成了目标要素的数量或含量分布及其相关关系分析的可视化图80多张，为后续的生态规划提供了重要的科学依据。

土壤

针对上海世博区域土壤重金属污染特点及其对植物的影响，世博园区在建设中采用了国际通行的三阶段评估方法，对场地进行环境风险评估。对于需要修复的场地实施稳定/固化技术，将污染物储存在相对密实的固体材料中，减少污染物与外界环境接触的机会、阻断污染源释放、降低污染物的浸出，实现资源化利用。同时，针对土壤的不同污染状况，选择超富集植物和耐性植物，通过群落配置，使之既能修复重金属污染，又能体现景观效应。

生物群落结构

由于受人类活动的强烈干扰，城市区域的主体生物链较短，一般由作为生产者的植被以及作为消费者的植被病虫害、昆虫、鱼类、两栖爬行类、鸟类和少量（除鼠类及猫、狗）等小型哺乳类构成。生态规划通过对世博会改善

【 成功、精彩、难忘的世界级盛宴/科技，让世博更精彩 】

上海世博会意大利馆内景

园区生态环境、增加生物多样性，绿化时注意营造植物群落结构多样性，吸引鸟类和鸣虫蝶类等落户上海世博区域，保留并建立了一些自然生态环境，同时增加了野生动物的隐蔽场所。

污染场地稳定/固化处理前　　　　　　　　污染场地稳定/固化处理后

例如，田园风光的布置就是后滩公园一大亮点，植物选材意在自然、效法田园，多选用一些城市里难得一见的农作物展示四季耕作的效果，如油菜、向日葵、玉米、水稻、茭白等，观赏草中有芦苇、芒草、蒲苇等，结合场地内原有的一处黄浦江边4公顷的天然湿地，众多富有野趣的湿地植物品种将成为吸引野生动物的重要资源。

后滩公园田园湿地风光

在上海世博会举办期间，科研人员通过对空气环境、水环境、生物环境等方面的实时监测、预警和治理，在世博园内设立了自动监测站，对世博地

世博园区部分场景

区空气质量及水环境、声环境、辐射环境等其他环境因子进行深入分析和研究，重点了解世博地区臭氧和细颗粒物等二次空气污染问题。结合历史环境质量及气象、污染源监测资料，对世博会期间可能出现的污染事件概率及空气污染影响因素进行深入研究，从而为空气预测预报、高污染预警预防和保障响应提供全面客观的环境信息。在改善世博园区的环境、预防有害生物灾害的发生等方面起到了不可或缺的作用。

展示科技呈现"精彩"世博

为了呈现一个"精彩"的世博会，在世博科技行动计划的支撑下，科研人员们开发了巨幅屏幕的拼接关键技术，摆脱了时间、空间和传统经验的束缚，给观众带来震撼性的展示效果。世博会还运用了三维虚拟现实技术，把3.28平方公里园区、园区内150多个展馆及实体世博会的精彩内容全都搬到互联网上，并能让"网上世博游客"实时互动，在虚拟世博会里感受到真实的世博。这些项目的实施，实现了中国馆、主题馆、网上世博会等展览展示的精彩、互动和创新的目标。

在中国馆的展示中"动态清明上河图"无疑是亮点中的亮点。为了能给参观者身临其境的感觉，科研人员从2005年开始立项研究，历经5年的时间，攻克了人脸三维重构、巨幅屏幕的拼接、手势识别跟踪、海量级古代城市场景数据绘制、声光电集成控制、虚拟人等关键技术。以中国古代画卷"清明上河图"为故事情节进行创作，通过构建新型的大型演示类多媒体技术支撑的巨幅画卷大型展示场景，应用多媒体和媒体工程技术把整个巨幅画卷"活"起来，形成"动态清明上河图"。

上海世博会实现了世博会展览展示的互动和创新，科研人员集成当前最新展示科技，通过视觉感受及周边三维图像和多声道立体声，诠释和演绎文化的、历史的、发展的各类主题。

成功、精彩、难忘的世界级盛宴 / 科技,让世博更精彩

中国馆

传播让"世博科技"走向全国

为进一步宣传上海世博会的科技亮点,扩大世博会在全国各地的影响,2005年,第七届上海国际工业博览会(简称工博会)上,世博科技首次进入了人们的眼帘。自此,世博科技展览拉开了序幕。为上海世博会的召开打响了科技第一炮。

工博会上的"世博科技"展示

2005年工博会共设立了两个世博会展台,对世界博览会进行了介绍,回顾了世博会150年的历史,介绍了世博科技的理念与成就,以及世博科技专项的部分阶段成果,如电子废弃物资源化综合利用关键技术综合示范、太阳

2005年工博会上的"世博科技"展示

能复合能量系统、绿色降解包装材料、食品安全检测技术、半导体照明、有机发光显示器、电动汽车等参与展示。世博科技展览内容新颖、互动性强,吸引了众多参观者前来了解,争相体验。

2006年工博会突出与国际接轨,以专业化组展,共设信息技术与装备展会,数控机床与专用装备展暨中国国际金属加工工业展览会,工业自动化展暨亚洲国际工厂及过程自动化技术与设备展览会,能源装备展暨亚洲国际电力、电工及能源技术与设备展览会,环保技术与设备展会。科技创新展6个专业展。其中的诸多展区展示了针对2010年上海世博会而研发的最新技术和设备,体现了企业自主研发世博科技产品的积极性。

2009年第十一届中国工博会围绕增强自主创新能力、建设创新型国家和实现节能减排的国家目标这个时代主旋律,以"科技创新"的主题。展览分为总况、世博绿色能源与节能减排、环境改善与生态综合治理、世博规划与工程建设、世博安全健康、世博信息与服务,以及未来城市发展等7个展区,总展区面积达到11 500平方米,精选了近180项参展项目。这次世博科技展以重点突出、特色鲜明、生动活泼、互动感受等特点,充分展示"世博科技"几年来取得的一系列成绩,尤其是在实践"科技,让世博更精彩"理念、实现节能环保目标等方面的成效,对于让全社会充分了解我国科技界对世博会做出的积极贡献,增进对世博科技理念的理解,并为世博科技成果的进一步产业化,支撑和引领经济建设和社会发展、服务民生具有十分重要的意义。

世博科技巡展

2009年至2010年由上海市科委承办的"上海世博科技巡回展"先后在哈尔滨、西安、重庆、石家庄等城市举办。巡回展展示了"世博科技行动计划"实施5年来取得的成果,以及世博科技成果在全国城市的应用。展览内容共分上海世博会总况、世博规划与工程建设、世博园区新能源与节能减排、世博园区环境改善与生态综合治理、世博信息与服务、世博安全与健康等六大板块,采用图文版面和实物模相结合的方式,适当选取多媒体互动展项,加强展览的观赏性和生动性。为更好地宣传"科技,让世博更精彩"的主题和理念,巡回展还举行了"世博会与科技创新"的主题报告会。把上海世博会的科技理念和采用的主要科技成果全方位展现在来自四面八方的参观者面前,提高了大家对世博会的期待和关注,凸显世博科技的影响力和吸引力。

历时184天的2010年上海世博会以"成功、精彩、难忘"谢幕,不仅改变了综合注册类世博会在发达国家举办的历史,而且成为有史以来参与程度最广、文化呈现最为多元的一次世博会,"世博科技"在世博会上的精彩展示举世瞩目,也体现了"世博科技行动计划"对上海世博会的有力支撑。

(**执笔**:同济大学祁凌云等)

后　记

尽管科技并不是总是被赞赏,但是,人们坚信科技一定能够让城市更美好,让生活更美好。事实上,科技早已经融入现代都市建设的各个方面,融入美好生活丰富体验……以上海长江隧桥工程、浦东机场建设等为代表的交通发展,以青草沙水源地等为代表的民生工程,以崇明生态岛建设为代表的绿色可持续发展,以上海中心高层建筑为代表的市政建设等,宛如一座座高耸着的丰碑,成为上海国际大都市标志性工程。

在铸就这些丰碑背后的建设者中,必然有上海科技人挺起脊梁,夯实科技基石。这一切看似悄然进行的,但其实每项科技工作往往都是波澜壮阔,有时候甚至是惊心动魄,生动无比。

本书选取的是上海城市发展中的一些代表性科技大项目。在内容采写过程中,我们更多的是为那些为此而忘我奉献的上海科技人而动容,深感有必要通过后记来加以说明。

理智又激情。每一个重点科技项目在决策和实施中都会面临一些选择题,如何举棋落子,科学家们的科学论证起到至关重要的作用。科学的问题半点都含糊不得。在青草沙水源地建设方案比较选优过程中,青草沙作为水源地建设当时只是方案之一,之所以这个方案最终胜出,离不开相关科研工作者常年的调查研究，厚实的调研报告回答了大家的全部疑问。当年在城市辫子车逐渐被淘汰，大家研究认为可以研发超级电容车来填补新能源公交车空白，这一研发意图一说，相关企业、机构、部门的科研人员相聚在一起，在没有任何科研项目经费投入的情况下，大家"自拿干粮"投入研发，创新激情四射。

热爱又温情。科研工作没有坦途，只有激情，没有热情就可能虎头蛇尾，半途而废。多数情况下科研工作是寂寞的，是会遇到不被理解，甚至被怀疑。压力和阻碍可能来自许多方面。当世博会交通方案里没有纳入本土研发的新能源车的时候，当一些媒体大力度报道超级电容车试验线路上"趴窝"的时候，当一些项目缺少配套合作者并遇到许多部门"开绿灯"的时候……项目遭遇挫折，遇到困难、曲折等不顺利，很容易引起团队情绪低落、热情降温的情况，出现这种情况怎么办？他们的做法是不忘初心，用热爱和执着增强科技人的内生动力，还要会煽情。"有时候大家也会懈怠，这时候就需要加把劲，面对困难、曲折、难题，要共同找出难点、痛点，用攻坚克难的意志力去加以克服。"要用情做人，用心做事。"这时候，我们的创新组织者和领军人需要自我加温，而且要给周围的人升温鼓气，用温情感情去感化更多人。"

担当又合作。崇明生态岛建设、上海青草沙水源地、上海浦东国际机场建设、上海长江隧桥工程、上海磁浮示范运营线建设、氢能源汽车研发、外三电厂建设等，要么是国家战略，要么是上海城市发展重要选择。在上海经济社会发展需要科技站出来的时候，上海科技人就这样责无旁贷，勇敢担当，支撑起经得住历史检验的伟大工程。

团队作战，协同创新，是这些项目共同的特点。为什么上海的科技能够"得道多助"，一个重要的原因是上海的科技人知道，科技不同于行政等方面的工作，其必然要融入经济和社会发展各个方面的性质，决定了它应该"随风潜入夜,润物细无声"。为此,他们总是围绕某一特定项目,善于社会化开展工作,与相关各方打交道、交朋友,沟通思想和信息。在科技创新的同时,通过工作创新、模式创新、制度创新,把一切能够团结的力量都统一进团队中来,共同实现美好愿望。

勤奋又智慧。采访写作和编辑文稿让我们在想起这些项目的时候,在脑海中时常会浮现出那些可爱的科技人员们忙碌在工地、实验室等研发现场的身影,无论白天或是黑夜,他们以项目为奋斗目标和任务,放弃了许多娱乐休闲时间,甚至放弃了能够发财的机会,自我加压,自己给自己吹响科技的"进军号"。

创新又创业。他们是科技创新的生力军,也常常是科技创业的勇敢者。双创的难处,是创新创业的叠加,但没有什么能够吓倒他们,他们走出来了。双创事业中总是孕育这一些倔强的种子,让无中生有了科技之美。在多数上海人民吃这来自青草沙水源地自来水之时,在上海中心勾勒出上海美丽的天际线之时,在超级电容电动车行驶在白俄罗斯等异国他乡的城市之时,在驱车跨江过海畅行到崇明岛之际,不仅意味着创新工作画上了圆满句号,而且伴随创新的创业征途也进入了新阶段。如超级电容车技术的开发,催生了科技企业的新发展,氢能源等新能源汽车技术研发,催生了新能源汽车电机等产业发展,相关科技企业产品占国内市场份额的70%以上,而且出口多个国家。

小目标离不开大方向,大战略离不开小目标。在上海科创中心建设中,在迈入社会主义新时代的征程中,上海科技人要拿出新的力量、新的精神面貌,去实现新的创新价值。科技要为上海人民实现更美好的生活服务,为发展得更充分与更平衡助力。我们期待更多上海科技人因坚持而微笑,因坚持成就美好的未来。

经过全体编撰人员的努力,本书终告付梓。

本书的立意在于从上海城市建设与可持续发展成果背后的故事中，探寻创新如何铸就上海这座卓越之城，编撰团队与上海社会发展科技创新的一线科研工作者、从事科技管理和科技创新策划的领导和专家一起研讨科技创新所发挥的作用，也试图通过精选的一个个案例能给大家带来一些启示。

因此，这里首先要感激的是这本书或者这项工作的立意，感谢上海市科委为本项工作开展给予的2017科技专项——软科学研究项目（17692111900）的支持，感谢本书故事的主角们，如全过程亲历上海青草沙水源地策划和建设的顾玉亮总经理、上海市隧道工程轨道交通设计研究院蔡岳峰总工、上海建筑科学研究院的汪维院长、江燕总工、同济大学建筑设计研究院的陈继良总经理、上海世界博览会有限责任公司李庆来总工、同济大学孙立军教授和上海市科委马兴发副主任等，他们对推进科技创新的作用有着深刻理解，并给予了详尽的介绍和诠释。感谢把这一非常棒的立意体现在本书的每个章节、甚至每个段落字里行间的各位主编和编者。还要感谢这本书的出版单位上海科学技术出版社和本书的责任编辑，由于他们专业的眼光、文字把关和精美排版，使本书成为一件精美的作品。

尽管本书试图从上海城市建设与可持续发展成果背后的故事中，探寻创新如何铸就上海这座卓越之城，但也难免会有错漏，恳请读者批评指正。

编　者

2018年2月22日

后 记

编撰团队听顾玉亮总经理讲青草沙水源地策划和建设中的科技创新故事

图书在版编目(CIP)数据

创新铸就卓越之城：上海城市建设与可持续发展成果背后的故事 / 李光明，江世亮编. —上海：上海科学技术出版社，2018.3
 ISBN 978-7-5478-3935-5

Ⅰ.①创… Ⅱ.①李…②江… Ⅲ.①城市建设—可持续性发展—概况—上海 Ⅳ.①F299.275.1

中国版本图书馆CIP数据核字 (2018) 第043808号

创新铸就卓越之城——上海城市建设与可持续发展成果背后的故事
李光明 江世亮 主编

上海世纪出版(集团)有限公司 出版、发行
上海科学技术出版社
(上海钦州南路71号 邮政编码200235 www.sstp.cn)
苏州望电印刷有限公司印刷
开本 787×1092 1/16 印张 15.5
字数 200千字
2018年3月第1版 2018年3月第1次印刷
ISBN 978-7-5478-3935-5/G·827
定价：98.00元

本书如有缺页、错装或坏损等严重质量问题，请向工厂联系调换